Patrick Gensing

Fakten gegen Fake News

Patrick Gensing

Fakten gegen Fake News

oder Der Kampf um die Demokratie

Dudenverlag
Berlin

Inhalt

Vorwort

»Alternative Fakten« – Donald Trump, der zurzeit wohl mächtigste Mann der Welt, hat diesen Begriff zum Leitmotiv seiner Politik gekürt und damit eine neue Epoche eingeläutet. Eine Epoche, in der die Grenzen zwischen Meinung und Fakten verschwimmen, in der wissenschaftliche Erkenntnisse nicht mehr zählen und in der sich durch das ständige Wiederholen unzähliger kleinen Falschbehauptungen erst alternative Fakten und dann alternative Realitäten entwickeln. Ein politischer Klimawandel wurde in Gang gesetzt, der Debatten polarisiert und anheizt, die Basis eines von Vernunft geleiteten Diskurses schmelzen lässt und so die Grundlage aller demokratischen Entscheidungen aushöhlen und zum Einsturz bringen kann. Ob in den USA, in Skandinavien, Russland, Großbritannien, Ungarn, Österreich oder Deutschland – die Mechanismen gleichen sich. Die vielen kleinen Fake News, die halben Wahrheiten und glatten Lügen sind Mosaiksteine, die erst zusammengesetzt ein größeres Bild ergeben.

Insbesondere Medien sind mit gezielten Falschmeldungen konfrontiert. Wer Fake News in die Welt setzt, fordert Journalistinnen und Journalisten heraus, versucht, ihre Glaubwürdigkeit zu zerstören. Diverse Medien reagieren auf diese Angriffe und haben damit begonnen, Zahlen und Zitate noch intensiver zu prüfen und gezielte Falschmeldungen zu widerlegen. Das sogenannte Factchecking, also das Prüfen von Informationen und deren Quellen, gehört von jeher zum Handwerkszeug des Journalismus, es hat jedoch in der postfaktischen Ära noch einmal massiv an Bedeutung hinzugewonnen.

Ich selbst arbeite als Faktenchecker, bin tagtäglich mit wahren und erfundenen Informationen, mit tatsachenbasierten und gezielt falschen Behauptungen konfrontiert. In meiner Arbeit ist mir in den vergangenen Jahren immer deutlicher geworden, dass der Journalismus zwar einen wichtigen Beitrag gegen gezielte Falschmeldungen leisten kann, dass er jedoch nicht in der Lage ist, das Problem im Alleingang zu bewältigen. Ein zunehmender Verfall der bisherigen öffentlichen Kommunikation und wachsende Verunsicherung betreffen Politik, Kultur, Medien und auch jedes Individuum, das in einer komplexen, unübersichtlichen und oft widersprüchlichen Welt nach Halt und Orientierung sucht. Durch den Siegeszug der sozialen Medien sind zudem Millionen von Internetnutzern zu Sendern geworden und politische Debatten werden mittlerweile vor allem im Netz geführt.

Eine moderne Demokratie benötigt daher eine digitale Zivilgesellschaft, die mit Mut und Medienkompetenz munitioniert wird, um sich gegen Angriffe durch Fake News, Hass-Inhalte und Kampagnen zur Desinformation wehren zu können. Aufklärung ist gefragt und mit diesem Buch möchte ich meinen Beitrag dazu leisten. Es soll all jenen Orientierung geben, die mit Falschmeldungen und Verschwörungslegenden konfrontiert sind und sich gegen die Desinformation wappnen wollen. Dabei mache ich mir allerdings keine Illusionen: Wie ich aus meiner Arbeit weiß, ist es extrem schwer, tatsächlich auch jene zu erreichen, die sich bereits in eine alternative Realität begeben haben. Das wird mir wohl auch mit diesem Buch nicht gelingen. Viele von ihnen sind quasi verloren.

Die Beispiele in den folgenden Kapiteln haben eines gemein: Den geschilderten Falschmeldungen und Desinformationskampagnen liegt das Motiv zugrunde, die Gräben in einer polarisierten und fragmentierten Gesellschaft zu vertiefen, Glaubwürdigkeit zu zerstören und gesellschaftliche Konflikte anzuheizen. Ich sage deshalb: Das Ignorieren von Fake News kann keine Option sein. Die Öffentlichkeit beginnt gerade erst zu verstehen, welche Gefahr ihr droht – umso dringender ist es, das Phänomen einmal in seiner Vielfältigkeit zu erfassen und damit der Debatte eine Basis zu geben.

Patrick Gensing, im Juni 2019

Eine Falschmeldung geht auf Reisen

Angela Merkel und die zwölf Millionen Einwanderer

»Angela Merkel hofft auf 12 Millionen Einwanderer!« Ein Satz, der sich in das digitale Gedächtnis gefressen hat: Mehr als 100 000 Treffer bietet Google der Öffentlichkeit dazu an. Dutzende Nachrichtenseiten und Blogs zitieren einen Wunsch der Kanzlerin, den sie allerdings nie geäußert hat. Woher stammt die Falschinformation? Wie kommt sie zustande? Das Online-Portal Wochenblick aus Österreich veröffentlicht im März 2017, also zu Beginn des Bundestagswahlkampfs in Deutschland, die Nachricht über die vermeintliche Aussage der damaligen CDU-Vorsitzenden und Kanzlerkandidatin. »Man muss es heute schon aus britischen Medien erfahren«, schreibt der Wochenblick und verlinkt dabei auf das britische Boulevardblatt *Express*: Es gebe »ein geheimes Papier der deutschen Bundesregierung, welches die Masseneinwanderung nach Deutschland feiert«. Und weiter: »Kritiker sagen, dass dieses Strategiepapier ›den Volks-Austausch in Deutschland dokumentieren‹ würde.«[1] Das klingt skandalös – und die Meldung wirkt: Tausende Personen teilen den Link in sozialen Medien wie Facebook und Twitter, verschicken ihn per WhatsApp. Dazu berichten diverse Online-Portale mit Namen wie »Freie Welt«, »Deutsche Lobby« oder »Truth24«. In dem kurzen Absatz aus dem Wochenblick finden sich gleich mehrere Thesen, die das Blut der Leserinnen und Leser in Wallung bringen sollen und die sich in etwa so zusammenfassen lassen: Die Bundesregierung begrüßt im Geheimen eine Masseneinwanderung. Deutsche Medien decken diese versteckten Machenschaften. Das wichtigste Ziel der Politik lautet, möglichst viele Menschen aus dem Ausland nach Deutschland zu lotsen.

Nichts davon stimmt. Die Geschichte hinter der Geschichte geht so: Der Wochenblick bezieht sich bei seiner Berichterstattung auf einen bereits Wochen zuvor publizierten Beitrag des britischen Boulevardblatts *Express*, wie ein Klick auf einen Link in dem Text zeigt.[2] Der *Express* wiederum offenbart, dass er sich auf einen Bericht der *Rheinischen Post* beruft. Von einer etablierten deutschen Tageszeitung über ein britisches Boulevardblatt in eine österreichische Gazette und von dort wiederum in deutsche Blogs – eine Art journalistische »Stille Post« einmal quer durch Europa. Wie bei dem Kinderspiel verstehen alle etwas anderes, denken sich ihren Teil dazu oder lassen etwas weg. Dazu kommen oft ungenaue oder sogar ganz falsche Übersetzungen, die den Sinn entstellen.

Die Lust auf Empörung und Verschwörungen trübt offenkundig das Urteilsvermögen: Denn die Tatsache, dass sich der britische *Express* auf eine Zeitung in Deutschland bezieht, widerlegt bereits die Behauptung, man müsse sich auf britische Medien verlassen, um über die deutsche Regierung Bescheid zu wissen. Mit anderen Worten: Oft reichen bereits ein Klick und kurzes Nachdenken, um starke Indizien für eine unseriöse und tendenziöse Berichterstattung zu erkennen. Manchmal ist es ganz einfach und im Journalismus ist es wie im »wahren Leben«: Wenn mir jemand eine geradezu unglaublich klingende Geschichte erzählt, ist Skepsis angesagt. Also frage ich: »Woher weißt du das?« Und bewusst oder unbewusst kommt die Überlegung: Halte ich den Menschen, der mir diese Story auftischt, für glaubwürdig? Nach diesem Prinzip funktioniert auch Quellenprüfung im

Journalismus. Die erste Frage muss daher lauten: Woher hat der *Express* eigentlich seine Information? Antwort: aus deutschen Medien. Wie plausibel ist es dann, dass man solche Berichte nur in britischen Medien findet? Überhaupt nicht. Die Angaben widersprechen sich – was weder für die Meldung an sich noch für die journalistische Sorgfalt desjenigen spricht, der sie verbreitet.

Auch die Behauptung des britischen Boulevardblatts, allein im Jahr 2015 seien 2,2 Millionen Menschen nach Deutschland eingewandert, ist irreführend, denn der Autor des Beitrags lässt wichtige Tatsachen weg, damit seine kommentierende Überschrift mit Blick auf die Bundesregierung »Haben sie denn gar nichts gelernt?« nicht verwässert wird. So verzeichnet das Statistische Bundesamt für 2015 tatsächlich die höchste Zahl der Zuzüge – wenig überraschend angesichts der massiven Fluchtbewegung in diesem Jahr.[3] Das Bundesamt führt auf, es seien insgesamt 2 137 000 Personen nach Deutschland zugezogen. Allerdings hätten in dem Berichtsjahr im Gegenzug 998 000 Menschen die Bundesrepublik wieder verlassen, davon 859 000 ohne deutsche Staatsangehörigkeit. Unter den Zugewanderten sind den Statistiken zufolge zudem 121 000 Deutsche. Damit ergibt sich ein Wanderungsüberschuss von 1 139 000 Personen – und darunter waren auch Deutsche. Dennoch schreibt der *Express*, Deutschland sei von 2,2 Millionen Migranten »überflutet« worden.

Eine Suche in einer handelsüblichen Suchmaschine reicht aus, um die nächste Unterstellung im Bericht des österreichischen Wochenblicks über das »Geheimpapier« zu entzaubern, wonach die Bundesregierung im Verborgenen das Volk hintergehe. Denn bei dem vermeintlichen Geheimpapier handelt es sich keinesfalls um ein brisantes Dokument, das in einem Keller des Kanzleramts in einem Safe schlummert, sondern um eine Analyse, erstellt im Auftrag des Bundesinnenministeriums.

Die Untersuchung ist nicht nur in der Bundesrepublik Deutschland, sondern weltweit für alle Menschen zugänglich, die über einen Internetzugang verfügen. Das Ministerium veröffentlicht die Analyse am 1. Februar 2017 – inklusive Pressemitteilung und Link zu dem 72-seitigen Papier, das den Titel trägt »Jedes Alter zählt – Für mehr Wohlstand und Lebensqualität aller Generationen«.[4] Es handelt sich dabei auch nicht um einen Plan oder ein Geheimpapier, sondern um die »demografiepolitische Bilanz der Bundesregierung zum Ende der 18. Legislaturperiode«. In etwas hölzernem Deutsch kommen die Autorinnen und Autoren zu dem Schluss, dass »sich die Bevölkerung insgesamt und auch die Erwerbsbevölkerung aufgrund der Zuwanderung und der Stabilisierung der Geburtenrate deutlich stabiler entwickeln« werde, »als noch vor wenigen Jahren erwartet«. Im Folgenden werden verschiedene Herausforderungen aufgezählt, die sich durch die Bevölkerungsentwicklung stellen – beispielsweise höhere Ausgaben für Bildung, da es mehr Kinder gibt als vor Jahren noch angenommen, oder steigende Kosten für Pflege, da die Zahl der älteren Menschen wächst und die Lebenserwartung weiter steigt.

Zudem – und hier kommen wir zum Kern der Analyse – werden verschiedene Szenarien entworfen, wie sich die Zuwanderung entwickeln *könnte*. Die Szenarien sollen künftigen Regierungen sozusagen als »Leitplanken« dienen, ganz unabhängig davon, wer das Kanzleramt einmal führen wird. Da niemand die Zukunft voraussagen kann, ist es ein übliches Vorgehen, mehrere Möglichkeiten zu skizzieren: Das Statistische Bundesamt rechnet beispielsweise auch mit unterschiedlichen Varianten, um die mögliche Entwicklung der Bevölkerung zu erfassen. Bezieht man diese verschiedenen Szenarien auf das Jahr 2060, ergibt sich zwischen den Berechnungen eine mögliche Differenz von rund 15 Millionen Menschen – und das bei gut 80 Millionen Einwohnern. Das Beispiel zeigt, mit wie viel Vorsicht solche Berechnungen zu genießen sind.

Ebenso wie das Statistische Bundesamt entwerfen die Autoren der angeblich geheimen »demografiepolitischen Bilanz der Bundesregierung« verschiedene Annahmen. Eine davon geht bis zum Jahr 2060 von 100 000 Zuwanderern jährlich aus, eine andere von 200 000, wieder eine andere von 300 000. Als Basis für diese Annahmen dienen Durchschnittswerte der vergangenen Jahre oder Jahrzehnte. Im Kontext der Meldung über den angeblichen »Geheimplan« lautet der entscheidende Satz: »Aus bevölkerungswissenschaftlicher Sicht erscheint auch eine höhere dauerhafte Zuwanderung von 300 000 möglich.« Die eingangs erwähnte Zahl von 12 Millionen findet sich allerdings nicht in der Analyse, das britische Boulevardblatt *Express* rechnet die genannten 300 000 möglichen Zuwanderer einfach auf die nächsten vierzig Jahre hoch und kommt dadurch auf diesen Wert. Dabei betonen die Autorinnen und Autoren der demografischen Analyse ausdrücklich, es handele sich um Modellrechnungen, die »nicht als Prognosen zu verstehen« seien. Denn die Entwicklung von Migration schwankt sehr stark, wie die vergangenen Jahrzehnte gezeigt haben, und lässt sich dementsprechend kaum abschätzen, vor allem nicht über mehrere Jahrzehnte. Daher werden seitens der Wissenschaft verschiedene Szenarien entworfen – mit hohen und niedrigen Annahmen, die der Politik Hinweise bieten sollen, wie sich Zuwanderung und Bevölkerungszahl entwickeln könnten.

Dass derartige Berechnungen gern dazu verwendet werden, um Horrorszenarien an die Wand zu malen, zeigt ein Blick in die Geschichte. So wird seit mehr als hundert Jahren immer wieder behauptet – auf Basis von angeblich unbestechlichen Statistiken –, das deutsche Volk gehe unter, sterbe aus oder werde »ausgetauscht«. Die Stichwortgeber der NS-Ideologie warnten bereits vor 1933, der »deutsche Volkskörper« müsse gegen das Aussterben geschützt werden. Doch nicht nur in der Weimarer Republik und im Nationalsozialismus finden die Untergangspropheten ihre Leserschaft, auch danach bleiben solche Szenarien populär. Der Historiker Volker Weiß hat die Geschichte der deutschen Untergangsliteratur untersucht und aufschlussreiche Details ans Tageslicht gefördert. Er macht deutlich, dass etwa die Texte von Thilo Sarrazin Beispiele eines Phänomens sind, das sich seit dem Ende des 19. Jahrhunderts in Deutschland immer wieder finden lasse – nämlich »die Beschwörung des Untergangs der eigenen Kultur, meist in Verbindung mit demografischen Berechnungen«.[5] Auch die vorgeschlagenen Heilmittel gleichen sich: die »Stärkung« der Nation durch Disziplinierung der Masse bei Absonderung des »sozialen Ballasts« und Herausbildung einer nationalen Elite. Um sachliche Objektivität zu suggerieren, werde mit angeblich unumstößlichen Zahlen gearbeitet.

Was bleibt also von den »Enthüllungen« über geheime Papiere, die von Regierung und deutschen Medien verschwiegen würden? Gar nichts. Weder ist das Papier geheim, noch wird es verschwiegen oder hofft die Regierung auf möglichst viele Menschen, die zuwandern. Dieses Beispiel vereint beispielhaft mehrere typische Eigenschaften von Fake News: Die Geschichte ist nicht komplett frei erfunden, sondern basiert auf einem wahren Kern, nämlich den Szenarien zur Entwicklung der Bevölkerung in Deutschland. Dieser wahre Kern – oft eine Zahl aus einem wenig spektakulären Papier – wird aus dem Kontext gerissen und mit erfundenen Details »angereichert«: Das Papier sei ein geheimer Plan, heißt es dann. Dabei handelt es sich um eine Analyse, die problemlos zugänglich ist. Dazu wird gesagt, Merkel hoffe auf zwölf Millionen Menschen, die ins Land kommen – dabei enthält das Papier zur Bevölkerungsentwicklung weder eine politische Bewertung, noch hat sich Merkel entsprechend geäußert. Gezielt wird der Geschichte also ein »Spin« verpasst, eine Botschaft, ein Narrativ, das viele, auch ohne dass es ausdrücklich formuliert wird, verstehen: Merkel und »die Politik« wollen im Geheimen möglichst viele Menschen nach Deutschland und Europa holen, um die »Einheimischen« zu verdrängen. Eine von zahllosen falschen Meldungen zur Verschwörungslegende vom »Volksaustausch«.

Bei Fake News handelt es sich um bewusst irreführende Meldungen, die gezielt verbreitet werden, um eine bestimmte Botschaft zu transportieren oder um eine bestimmte Absicht zu verfolgen. Fake News zielen darauf ab, Menschen zu verwirren, zu manipulieren und zu desinformieren, ohne dass diese es merken. Fehler, die unbeabsichtigt passieren und die korrigiert werden, sind keine Fake News, denn sie geschehen nicht mutwillig und gezielt, sondern versehentlich. Aus journalistischen Fehlern können aber Fake News entstehen. Ebenfalls keine Fake News sind Meldungen, die nach bestem Gewissen und journalistischen Grundregeln sauber recherchiert werden und sich später dennoch als unvollständig oder sogar falsch erweisen, da ganz neue Erkenntnisse auftauchen, die das Geschehen in einem anderen Licht erscheinen lassen. Diese Unterscheidung ist zentral und elementar wichtig. Es macht einen Unterschied um das Ganze, ob jemand bewusst irreführende Meldungen verbreitet oder ob einer Journalistin oder einem Journalisten ein handwerklicher Fehler unterläuft.

Allerdings bewegen wir uns beim Thema Desinformation, Fake News und journalistischen Fehlern oft in einer Grauzone. Fehler im Journalismus – seien es unzulässige Verkürzungen, falsche Zusammenhänge, Übertreibungen oder Ungenauigkeiten – können ähnlich fatale Auswirkungen haben wie bewusst irreführende oder komplett erfundene Meldungen. Solche Fehler sind häufig Resultat des sogenannten Poor Journalism, eines schlechten Journalismus, der schlicht auf mangelnde journalistische Verantwortung oder Skrupellosigkeit zurückgehen kann, zugleich aber auch durch negative Entwicklungen in der Medienwelt begünstigt wird, nämlich durch den ökonomisch bedingten Mangel an Ressourcen, Qualifikation oder Zeit.

Auch verkaufen Journalistinnen und Journalisten bisweilen Erkenntnisse von Sicherheitsbehörden oder anderen Quellen als Fakten, obwohl es sich oft lediglich um einen Verdacht handelt oder Informationen gezielt »durchgestochen« werden. Höchst problematisch sind auch mediale Vorverurteilungen, wenn bei Straftaten Verdächtige öffentlich der Tat bezichtigt werden – und sich später deren Unschuld herausstellt. Dies gilt für die Betroffenen solcher Berichte, aber auch für öffentliche Debatten, die in derartigen Fällen auf falschen Prämissen basieren. Gezielte Falschmeldungen können durch verschiedene Darstellungsformen transportiert werden, die die Botschaft der Fake News unterstützen, durch Bilder oder Videos, die aus dem jeweiligen Kontext gerissen werden, oder durch verkürzte, sinnentstellende oder gar erfundene Zitate.

Eine einzelne Lügengeschichte kann nicht viel bewirken, sie verhallt in den Echokammern des Internets. Das Narrativ dahinter ist entscheidend, es stellt einen Kontext her, verleiht der jeweiligen Falschmeldung eine Relevanz für diejenigen, die sie empfangen und dadurch sich und ihre Weltsicht bestätigt sehen. Wirksam sind gezielte Falschmeldungen daher vor allem als Teil von Kampagnen zur Desinformation, mit denen öffentliche Debatten manipuliert und möglichst sogar gelenkt werden sollen – insbesondere vor Abstimmungen, Referenden und Wahlen.

Der Kampf um Bayern

Wie eine demokratische Wahl diskreditiert wird

»Vorprogrammierter Wahlbetrug in Bayern: Fehlende Briefwahlstimmen werden mit GRÜN aufgefüllt« – das berichtet die Webseite Halle Leaks im Oktober 2018 kurz vor der Landtagswahl im Freistaat. Die Meldung dazu umfasst gerade einmal drei Absätze.

> Wenn Ihr wissen wollt, wo die guten Umfragewerte für die Pädophilen-Partei herkommen? In Bayern sorgt man dafür, dass die Briefwahlunterlagen von potentiellen AfD-Wählern nicht rechtzeitig eintreffen. Fehlende Stimmen werden kurzerhand durch Stimmen für die grüne Partei aufgefüllt.[1]

Der Begriff »Pädophilen-Partei« funktioniert in manchen politischen Milieus wie selbstverständlich als Synonym für die Grünen – in Anspielung auf mehr oder weniger offen pädophile Mitglieder und Gruppierungen in der Frühphase der Partei in den 1980er-Jahren. Bemerkenswerter erscheinen aber die sehr weitreichenden Vorwürfe im Kontext der bayerischen Landtagswahl: Dem Bericht zufolge werden nicht nur »potentielle AfD-Wähler« im Vorfeld identifiziert, wie auch immer das funktionieren soll, zudem werden deren Stimmen einfach für die Grünen gezählt. Dass dies wiederum die Umfragewerte beeinflussen soll, ergibt auch keinen Sinn, da abgegebene Stimmen überhaupt nicht benutzt werden, um Prognosen und Stimmungsbilder vor Wahlen zu erstellen. Sollte es aber tatsächlich zutreffen, dass Wahlzettel manipuliert würden, wären der gesamte Ablauf der Landtagswahl fragwürdig und das Ergebnis quasi hinfällig – ein Skandal, der die Republik erschüttern würde. Politische und rechtliche Konsequenzen müssten folgen, denn Wahlfälschung ist ein Straftatbestand: »Wer unbefugt wählt oder sonst ein unrichtiges Ergebnis einer Wahl herbeiführt oder das Ergebnis verfälscht, wird mit Freiheitsstrafe bis zu fünf Jahren oder mit Geldstrafe bestraft«, heißt es in Paragraf 107 des Strafgesetzbuches. Auch der Versuch ist strafbar.

Doch welche Belege liegen vor? Halle Leaks zitiert zwei Absätze aus einem Beitrag von FOCUS Online, der auch als Quelle verlinkt wird:

> Als Sheyda Schreiber am vergangenen Sonntag in die Wahlbenachrichtigung für die anstehende Landtagswahl in Bayern schaut, um ihre Briefwahlunterlagen zu beantragen, ist sie empört. Die Adresse des Wahlamtes wurde mit falscher Postleitzahl auf die Wahlbenachrichtigung gedruckt.
> »93233 Bernau a. Chiemsee« steht in der Ecke der Benachrichtigung, 83233 Bernau a. Chiemsee ist jedoch die richtige Postleitzahl des Ortes in Oberbayern. Ein Druckfehler, vermutet Schreiber im Gespräch mit FOCUS Online. Der für manch einen Bewohner von Bernau folgenschwer sein könnte. Immerhin 5.000 Wahlberechtige hat der Ort. Man gehe von etwa 1500 bis 1600 Briefwählern aus, sagt Martina Pollinger, zuständige Wahlsachbearbeiterin bei der Stadt Bernau, gegenüber FOCUS Online.

Einen Fehler bei einer Postleitzahl soll es also gegeben haben, berichtet FOCUS Online, möglicherweise könnten 1500 Wahlberechtigte betroffen sein.[2] Kein Betrugsversuch, sondern offenkundig ein Versehen, das vor der Wahl noch korrigiert werden soll. Zudem erwähnt der Bericht weder Stimmen, die einfach für Grüne gezählt, noch potenzielle AfD-Wählerinnen und -Wähler, die ausgebootet werden. Mit anderen Worten: Die Meldung ist frei erfunden, eine Falschmeldung der besonders plumpen Art. Doch obgleich die Fehler leicht zu erkennen sind, teilen Tausende in den sozialen Medien den Bericht. Und auch Kommentare auf Halle Leaks nehmen den angeblichen Skandal gerne auf, man fühlt sich bestätigt und fordert Konsequenzen für die Grünen:

> Dann müssten die Grünen dem Wähler/innen verklagt werden am besten wäre , die Betrügerischen Grünen Partei zu verbieten. Vorsätzlicher Betrug einer Grünen Partei ist Verfassugswidrig. Und wegen Betrügen am Volk . Direkt den Haftrichter vor führen.

Oder ganz ähnlich:

> Die Grünen gehören Verboten, wegen des Vorsätzlichen Betruges. Die Grünen zwingen sich dem Volke auf , die keiner möchte, wie war es mit der Bundestagswahl , das Gerede ist gross , das wir als Volk betrogen wurden. Diese Deutschland – Hasser müssen weg. Die sind der grösste Verrat am Deutschen Volke. Bildungslose Kranke Gehirne sind diese Deutschland – Hasser.

Glaubwürdigkeit gewinnt diese Geschichte also nicht durch eine besonders geschickte Erzählung, sondern allein durch den Rahmen, in dem sie spielt: Es geht um einen Staat, der die Menschen betrügt, um ein politisches System, das angeblich keine Demokratie ist, und um die Grünen, denen man ohnehin alles zutraut. Wer diesen Prämissen folgt, glaubt auch gerne dieser Falschmeldung, denn sie bestätigt das eigene Weltbild.

Die Meldung von Halle Leaks kursiert nicht zufällig und isoliert, sondern als Teil einer orchestrierten Online-Kampagne. Eine Internationale von nationalistischen Kräften will die Wahl in Bayern mit koordinierten Attacken auf politische Gegner, Fake-Accounts sowie dem Einsatz von neuen Tools und bereits erprobten Strategien beeinflussen (wie dies im Einzelnen vonstattengegangen ist, beschreibt das nächste Kapitel ausführlicher). Neben gezielten Falschmeldungen taucht auf Twitter unmittelbar vor der Wahl vermehrt das entsprechende Stichwort unter dem Hashtag #wahlbetrug auf, dazu kommen irreführende Berichte über angebliche Unregelmäßigkeiten bei der Parlamentswahl in Schweden, die Zweifel am demokratischen System und rechtmäßigen Ablauf von Abstimmungen in Europa weiter befeuern sollen. Die rechtsextreme Identitäre Bewegung Deutschland und AfD-nahe Medien rufen ihre Anhängerschaft dazu auf, sich für die Wahlbeobachtung in Bayern zu melden, so wie sie es mittlerweile bei fast allen Abstimmungen tun. Im Netz werden dann vermeintliche Unregelmäßigkeiten oder tatsächliche Pannen dokumentiert. Von einem systematischen Wahlbetrug kann jedoch keine Rede sein.[3]

Und tatsächlich hätte ein wenig Nachdenken schon genügt. Denn stößt man auf Behauptungen über ein angeblich groß angelegtes Komplott wie einen Wahlbetrug, empfiehlt es sich, ihnen einige praktische Überlegungen gegenüberzustellen. Im Fall einer systematischen Manipulation von Wahlen müssten sich nicht nur die lokalen Wahlvorstände und deren Hilfskräfte, die normalerweise ja verschiedene Parteien favorisieren, heimlich auf eine solche Operation einigen. Warum sollten Menschen, die nicht notwendigerweise die Grünen wählen, ausgerechnet dieser Partei Stimmen zuschanzen? Sie müssten zudem nach der Wahl bis ans Lebensende über den Rechtsbruch schweigen, sich gegenseitig decken und würden weitreichende Konsequenzen für ihr öffentliches Ansehen sowie berufliche Karriere riskieren. An einer flächendeckenden Manipulation müssten Hunderte, wenn nicht Tausende mitarbeiten, sich heimlich absprechen und organisieren. Wenn auch nur eine Person aussteigen würde, nur ein Chat aus einer WhatsApp-Gruppe nach außen gelänge, würde das gesamte Kartenhaus zusammenfallen. Mit anderen Worten: Allein der praktische Aufwand, einen Wahlbetrug im großen Stil vor den demokratischen Kontrollinstanzen zu verstecken, ist zu groß. In der Bundesrepublik kann jede und jeder sowohl die Wahl selbst als auch die Auszählung in den Wahllokalen verfolgen – ohne Anmeldung. Das Prinzip der Öffentlichkeit ist in der Bundeswahlordnung festgeschrieben. Damit kann praktisch jede Person Wahlbeobachtung betreiben, auch für ausländische Menschen und Organisationen gibt es keinerlei Einschränkungen. Die Organisation für Sicherheit und Zusammenarbeit in Europa (OSZE) beobachtet Wahlen und sieht in Deutschland zwar durchaus noch Möglichkeiten, die Abläufe weiter zu optimieren,[4] aber unter Fachleuten ist man sich einig: Groß angelegten Wahlbetrug gibt es in Deutschland nicht.

Wer solche Dinge behauptet, sollte konkret beschreiben, wie angebliche Manipulationen organisiert werden, wer sie initiiert, wie sie in der Praxis durchgeführt werden. In Korrespondenz mit Menschen, die solchen Theorien Glauben schenken, lässt sich immer wieder feststellen, dass auf Nachfragen keine konkreten Antworten folgen, sondern immer neue Behauptungen aufgestellt werden, die ebenfalls ohne Belege bleiben. Es empfiehlt sich, sich nicht von neuen Behauptungen ablenken zu lassen, sondern immer wieder nachzuhaken, wo die Belege für die ursprüngliche Aussage bleiben und wie beispielsweise Wahlbetrug konkret funktionieren soll. Gezieltes Nachfragen scheint wirkungsvoller als bloßes Widersprechen oder ein Hinweis auf Fakten, da sich diejenigen, die Falschmeldungen verbreiten, selbst Gedanken machen und ihre Thesen belegen müssen.

Direkt nach der Wahl in Bayern dienen Fake News über einen angeblichen Wahlbetrug als Erklärung für das relativ starke Abschneiden der Grünen, obwohl keine Beweise vorliegen und alles gegen eine Manipulation spricht. Ein einzelnes Video mit solchen Verschwörungstheorien erreicht auf YouTube innerhalb weniger Wochen Zehntausende Aufrufe.[5] Ähnlich ist es nach der Europawahl im Mai 2019. Auch hier werden Meldungen über einen angeblichen Wahlbetrug lanciert.[6] Unter anderem die rechtsradikale Initiative »Ein Prozent« behauptet, im schwäbischen Landkreis Augsburg hätten Wahlhelfer zwei AfD-Stimmen aus einer Wahlurne herausgefischt. Vermeintlicher Beweis ist ein Foto, auf dem zu sehen ist, dass ein Siegel an einer Wahlurne absteht. Tausende teilen auf Facebook den Bericht über den vermeintlichen Vorfall, doch der Verdacht bleibt unbegründet: Wahlleitung und Polizei untersuchen die Angelegenheit, ein Augenzeuge, auf den sich Ein Prozent bezog, bestätigt den Vorwurf einer Manipulation bei einer Befragung nicht.[7]

Taucht eine solche Falschmeldung auf, wird sie binnen weniger Stunden auf verschiedenen Kanälen, Blogs und Seiten gespiegelt, verlinkt oder leicht verändert wiedergegeben. In den vergangenen Jahren ist ein Netzwerk von »alternativen Medien« erschaffen worden, mit vielen großen und kleinen Knotenpunkten sowie zahllosen Verbindungen untereinander. Die Agierenden in diesem Netzwerk zitieren und befeuern sich gegenseitig, sie unterstützen sich bei virtuellen Auseinandersetzungen und versuchen, durch mehrfache Veröffentlichungen von einer Geschichte auf verschiedenen Seiten zum einen die Reichweite und somit Wirkung zu vergrößern, zum anderen die Glaubwürdigkeit zu erhöhen. Aus den vielen kleinen Falschmeldungen stellen sich Menschen, die an Verschwörungstheorien glauben, immer neue Legenden zusammen. Sie können sich dabei auf bereits etablierte Narrative stützen – beispielsweise die Grünen als »Pädophilen-Partei«, die Medien als »Lügenpresse« oder Angela Merkel als »Volksverräterin« – und in dem jeweiligen Rahmen neue Szenarien entwerfen. Fake News aus dem Baukastensystem sozusagen. Die einzelnen Lügen und Halbwahrheiten werden immer wieder neu angeordnet und mit neuen Elementen »angereichert«. Sie ergeben dann ein großes Konstrukt, in dem die Halbwahrheiten, die kleinen und die großen Lügen nicht mehr voneinander zu unterscheiden sind.

Ausschwärmen, um zu zerstören

Trolle als digitale Plage

Fake News sind nur ein Teil von Kampagnen, um öffentliche Debatten zu manipulieren. Mindestens genauso wichtig ist der bewusste und strategisch geplante Einsatz von Verleumdungen und von Hate Speech: Personen, die politisch auf der Gegenseite stehen oder journalistisch tätig sind, sollen durch koordinierte Attacken im Internet bedroht und eingeschüchtert werden. Solche neuen Strategien und Möglichkeiten würden den gesamten demokratischen Wettbewerb verändern, warnen Forscherinnen und Forscher des Institute for Strategic Dialogue (ISD), das in London ansässig ist und Desinformation und Propaganda in ganz Europa analysiert.[1] Das ISD hat entsprechende Vorfälle dokumentiert – unter anderem im bayerischen Landtagswahlkampf, von dem im vorigen Kapitel die Rede war. Die Vorgehensweise ist allerdings auch bekannt von Wahlen auf Bundesebene, ebenso wie von Wahlen in Schweden, Frankreich oder den USA. Die Online-Aktivisten setzten detailliert beschriebene Strategien aus Handbüchern um. In einem »Handbuch für Medienguerillas« erklären sie, wie die Gegenseite zu attackieren sei:

> Folge/ Like die Accounts (bzw infiltriere Foren) von allen Parteien, insbesondere den Grünen, bekannten Feministinnen, Regierungslakaien wie Till Schweiger oder Böhmermann und sämtlicher Propaganda-Regierungspresse, wie ARD, ZDF, Spiegel und dem

> Rest der Fake-News-Mischpoke. Und selbstverständlich den Zensur-Schreibtischtätern Correctiv und Amadeu-Antonio-Stiftung. Und sobald Du siehst, dass Sie wieder ihre Lügen und ihr Gift in die Welt verspritzen, sag ihnen die Meinung, verwickel sie in Diskussionen, markiere ihre Lügen als #fakenews und trolle den Fick aus ihnen heraus.

Fake-Accounts sollen die Personen auf der anderen Seite demütigen. Vor allem »junge Frauen, die direkt von der Uni kommen« seien »klassische Opfer«, heißt es in dem Handbuch. Um inhaltliche Diskussion geht es den »Medienguerillas« nicht, sondern ausschließlich um die Wirkung:

> Du willst bei Diskussionen im Internet nicht Deinen Gegner überzeugen, das sind eh meist verbohrte Idioten. Es geht um das Publikum. Und es geht hier nicht darum wer Recht hat, sondern wer vom Publikum Recht erhält.

Sollte man an jemanden geraten, der diskutieren könne und sich durch bestimmte Strategien nicht vorführen lasse, gebe es nur noch eins:

> Beleidigen. Und da ziehe jedes Register. Lass nichts aus. Schwacher Punkt ist oftmals die Familie. Habe immer ein Repertoire an Beleidigungen, die Du auf den jeweiligen Gegner anpassen kannst.

Die rechtsradikalen Online-Aktivisten organisieren sogenannte Troll-Angriffe. Der Begriff Troll hat sich im Netz etabliert und bezeichnet eine Person, die ausschließlich kommuniziert, um Diskussionen zu sabotieren und zu manipulieren und andere Gesprächsteilnehmer emotional zu provozieren. Trolle setzen zumeist auf Ad-hominem-Angriffe, das heißt, sie verweigern jede argumentative Auseinandersetzung, greifen Menschen aus dem gegnerischen Lager stattdessen auf der persönlichen Ebene an, um sie zu beleidigen, einzuschüchtern oder lächerlich und unglaubwürdig zu machen. Trolle ziehen wie eine digitale Landplage über Kommentarspalten oder Twitter-Diskussionen hinweg und wüten so lange, oft mit verschiedenen Konten parallel, bis jeder sinnvolle Wettstreit von Gedanken zerstört wird oder andere Personen sich zurückziehen. Ein Gespräch mit Trollen ist in der Regel sinnlos, da ihr Motiv eben nicht in einem konstruktiven Meinungsaustausch liegt. Im Gegenteil, sie wollen verhindern, dass Menschen diskutieren und verschiedene Perspektiven in ihre Betrachtungen einbeziehen können. Politische Trolle versuchen, Diskussionen durch das sogenannte Derailing auf andere Themen zu lenken: Wenn beispielsweise eine Nachrichtenseite über rassistische Gewalttaten berichtet, tauchen erstaunlich schnell Kommentare auf, die massenhaft auf linke Gewalt hinweisen. Oder geht es in Diskussionen um die russische Einflussnahme auf den Wahlkampf in den USA, lenken Trolle vom Thema ab, indem sie auf tatsächliche oder angebliche westliche Propaganda verweisen.

Im bayerischen Landtagswahlkampf tauschen die rechten Trolle auf ihren Treffpunkten im Netz detaillierte Anleitungen aus, die erklären, wie sich mit zahlreichen Fake-Konten parallel agieren lässt. Sie legen »Meme Banks« an, in denen sie Grafiken und Bilder sammeln, und verabreden sich zu bestimmten Terminen, um Troll-Angriffe zu starten, Diskussionen zu kapern oder die Gegenseite anzugreifen. So erging es beispielsweise Katharina Schulze, Spitzenkandidatin der Grünen in Bayern. Auf der Plattform 4chan rufen Aktivisten dazu auf, »Schmutz« über sie herauszufinden und zu verbreiten. Sogar Aufrufe zur sexualisierten

Gewalt dokumentieren die Forscherinnen und Forscher vom Institute for Strategic Dialogue. Die Rechtsradikalen manipulieren Bilder, sodass die Grünenkandidatin einen Hitlergruß zeigt und bei einer Wahlparty die »Machtergreifung« erklärt. Martin Sellner, der Strippenzieher der Identitären Bewegung, nimmt ein fast dreizehnminütiges Video auf, in dem er sich ausschließlich über Schulze auslässt und sie beleidigt.[2] Mehr als 150 000 Aufrufe erreicht das Video in den folgenden Monaten auf YouTube, in den Kommentarbereichen heißt es dazu: »Bin echt kein Frauenfeind … im gegenteil :D Aber Frauen haben in Machtpositionen nix zu suchen!« Nur eines von vielen Beispielen, das zeigt, welche zentrale Rolle Sexismus bei solchen Online-Kampagnen spielt. Es ist auffällig, wie oft sich solche Attacken gegen jüngere Frauen richten. Vergewaltigungsfantasien und sexistische Sprüche gehören zum festen Repertoire – genau wie in den Handbüchern der rechtsradikalen Trolle vorgegeben.

Neben den Grünen attackieren die Rechtsradikalen auch andere Parteien: Sie entwerfen vor der Wahl in Bayern angebliche SPD-Plakate, auf denen eine große Moschee in Köln zu sehen ist, dazu der Slogan: »Wir in Europa!« Die AfD lassen sie hingegen in Ruhe, stattdessen übersetzen sie AfD-Forderungen und Anleitungen, wie die Partei im Wahlkampf gezielt unterstützt werden kann, ins Englische und teilen sie mit ihren Verbündeten, vor allem in den USA. Die Kooperation zwischen der Alternative Right in den Vereinigten Staaten und der Neuen Rechten in Europa ist vor der Wahl in Bayern besonders auffällig: Das verschwörungstheoretische US-Netzwerk QAnon stellt sogar eine deutsche Version zur Verfügung, um internationale Kampagnen mit dem Wahlkampf in Süddeutschland zu verknüpfen. Wie weit dieses Netzwerk reicht, zeigt das Beispiel des Attentäters von Neuseeland: Der Rechtsextremist erschießt im März 2019 in zwei

Moscheen fünfzig Menschen, weil er sie für islamische »Invasoren« hält, wie er in einem Manifest erklärt. Das Pamphlet besteht aus rechtsradikalen Parolen und Ideologiefragmenten, die aus den USA und Europa bekannt sind. Zudem muss der oben erwähnte Identitäre Martin Sellner nach dem Anschlag einräumen, nicht nur Kontakt zu dem Täter gehabt zu haben, sondern sogar Geld von ihm empfangen zu haben. Zudem schrieb Sellner 2018 an den späteren Attentäter: »Wenn du jemals nach Wien kommst, müssen wir auf einen Kaffee oder ein Bier gehen.«[15]

Q oder QAnon ist ein angeblicher Whistleblower oder Insider, der in den USA wie ein ultrakonservatives Orakel Verschwörungstheorien verbreitet. Zunächst tauchen Botschaften gezeichnet im Namen von Q auf Message-Boards im Netz auf, daraus entwickelt sich ein ganzes Netzwerk und eine Art Kult. Auf Wahlkampfveranstaltungen zeigen Trump-Anhänger das Q-Symbol, deutsche Rechtsausleger springen auf den Zug auf. Magazine wie das der AfD nahestehende *Compact* oder *Epoch Times* berichten über die Q-Bewegung, in der alle möglichen Verschwörungstheorien zusammengebunden werden. Wer Q erschaffen hat, ist bislang unklar, dazu liegen diverse Aussagen und Gerüchte vor. Es gibt sogar die Theorie, italienische Intellektuelle hätten sich die ganze Geschichte ausgedacht, um die Anhängerschaft von Q später bloßstellen zu können. Doch tatsächlich bleibt der Ursprung unklar. Entscheidend ist, dass die QAnon-Bewegung einen weiteren wichtigen Knotenpunkt im internationalen Netzwerk von Ultrakonservativen, Rechtsextremen und Verschwörungstheoretikern verschiedener Couleur geknüpft hat.

Aktivisten in den USA bauen bereits seit Jahren eigene Online-Projekte und -Kanäle als sichere Rückzugsräume auf, um sich dort ungestört zu organisieren – und dann in die sozialen Netzwerke auszuschwärmen. Damit machen sie sich unabhängig von den großen Plattformen, schaffen sich Schutzräume: Die Planung von Kampagnen zur Landtagswahl in Bayern findet beispielsweise auf der Plattform 4chan statt, seit Jahren ein Treffpunkt auch von Rechtsradikalen. Aber auch der deutsche QAnon-Ableger nimmt als neue Subkultur im Netz eine wichtige Rolle ein, um die Bewegungen in Europa und den USA enger zu verbinden. Die Plattform Gab spielt als Alternative zu Twitter gleichfalls eine Rolle bei der Vernetzung, ebenso interne Kanäle bei dem Messenger-Dienst Telegram oder der Gamer-Plattform Discord. Die Seite BitChute fungiert als Alternative zu YouTube: Hier veröffentlicht beispielsweise das Troll-Netzwerk Reconquista Germanica regelmäßig Videos, in denen die Aktivisten ausführlich Strategien für kommende Kampagnen vorstellen. Die Zielgruppe auf solchen Plattformen sind die Gleichgesinnten. Auf YouTube voten die Trolle hingegen Videos aus dem eigenen Milieu hoch, bewerten sie also mit möglichst vielen unterschiedlichen Konten besonders positiv, um eine möglichste große Zuschauerschaft zu erreichen und Beifall zu simulieren. Wenn viele Menschen einem Video zustimmen, bekommen andere den Eindruck, das Video sei tatsächlich sehr beliebt und hochwertig. Das Gegenteil vom Hochvoten ist das »Trollen« von Kanälen von Personen aus Politik oder Journalismus, die als »Feinde« gelten. Deren Inhalte werden gezielt negativ bewertet, um ihre Glaubwürdigkeit zu beschädigen.

Insgesamt stellen die Analysten bei den Manipulationsversuchen im bayerischen Wahlkampf eine wachsende internationale Vernetzung fest. Zwar seien die US-Aktivisten bei der Entwicklung von eigenen Plattformen weiter, doch könnten ihre deutschen Pendants und hiesige Troll-Armeen ebenfalls ausgeklügelte Strategien, Erfahrung und Erfolge bei der Einmischung in Wahlkämpfe vorweisen, unter anderem aus der US-Wahl 2016 sowie dem Bundestagswahlkampf im Herbst 2017.

»Mittwoch – 20 Uhr in der Haupthalle erscheinen!!«, so lautet beispielsweise ein Befehl des »Offiziers der Heeresgruppe Ost«, gerichtet an die Mitstreiter von Reconquista Germanica auf der Chat-Plattform Discord. Hier sind im Vorfeld der Bundestagswahl 2017 Hunderte Netzkämpfer unterwegs, streng sortiert nach Hierarchien: Oberbefehlshaber, Generäle, Offiziere, Gefreite und Rekruten. In einem Organigramm werden zudem die rechtsextremen Identitären und die AfD-Organisation Junge Alternative als Teil von Reconquista Germanica aufgeführt. Bekannte Figuren der Identitären Bewegung treten in dem Netzwerk auf und verlinken von ihren Seiten darauf. Sich selbst bezeichnet Reconquista Germanica als satirisches Projekt von Gamern. Tatsächlich koordinieren Rechtsradikale hier ihre Online-Attacken: Im »Nachrichtenzentrum« sammeln sie Presseberichte. In einer anderen Untergruppe produzieren sie täglich Dutzende von sogenannten Memes, also manipulierte Fotos oder kurze Bildsequenzen, die über die sozialen Netzwerke ausgespielt werden, um Stimmung zu machen. Zumeist richten sich die Memes gegen Angela Merkel, Flüchtlinge oder etablierte Medien. Über die Gruppe »Tagesbefehl« geben die Rangoberen Order, wann und wo die Mitglieder mit ihren möglichst vielen Fake-Profilen aktiv werden sollen. Die Mitglieder von Reconquista Germanica setzen exakt das um, was in Handbüchern als »memetische Kriegsführung« beschrieben wird: Fotos von politischen Gegnerinnen und Gegnern stehlen und manipulieren, in möglichst großer Zahl gefälschte Profile pflegen und Kampagnen mit Gleichgesinnten koordinieren.

Doch die Strategie der rechten Medienaktivisten birgt Risiken: Sie wollen eine schlagkräftige Troll-Armee aufbauen und müssen daher eine möglichst große Gefolgschaft rekrutieren, in der man untereinander oft anonym bleibt. Und so fließen Informationen aus dem Führungskreis regelmäßig nach außen. Auf Twitter berichten beispielsweise Unbekannte unter dem Namen »Alt-Right-Leaks« über Interna und veröffentlichen Mitschnitte von Reconquista-Germanica-Chats.[3] Mutmaßlich hatten sie sich als vermeintliche Gefolgsleute dem Troll-Netzwerk angeschlossen und so Zugang zu den Informationen bekommen. Was kann man dort erfahren? In den internen Reconquista-Germanica-Chats wird empfohlen, in sozialen Netzwerken Profile von angeblichen Flüchtlingen anzulegen, die behaupten sollen, in Syrien herrsche längst kein Krieg mehr, die Menschen könnten also problemlos zurückkehren. Zu dieser Strategie passen auch Twitter-Profile von angeblichen Personen aus Syrien, die im Umfeld der AfD auftauchen und ähnliche Inhalte verbreiten.

Hunderte weitere mutmaßliche Fake-Profile, sogenannte Sockenpuppen, agieren auf Twitter im Umfeld von Reconquista Germanica. Sie lassen sich unter anderem daran erkennen, dass der Profilname mehrfach bei Twitter auftaucht – jeweils ergänzt durch eine andere Zahl. Ein digitales Troll-Heer, das zu Wahlkampfzeiten losschlägt, gesteuert von rechten Aktivisten und Unbekannten, die genau nach Playbooks und Handbüchern vorgehen. Der Effekt solcher Kampagnen lässt sich nur schwer abschätzen oder messen. In der digitalen Öffentlichkeit – und hier findet mittlerweile ein wichtiger Teil der politischen Diskussionen statt – sind Troll-Attacken alltäglich und können dazu führen, dass sich Menschen aus Angst vor Beleidigungen und Drohungen gar nicht mehr trauen, ihre Meinung offen zu äußern.

Noch einmal zurück zur Wahl in Bayern: Als die ersten Prognosen und Hochrechnungen am 14. Oktober 2018 auf den Bildschirmen und Displays erscheinen, ist der Katzenjammer bei den rechten Trollen groß. Trotz aller Mühen und des großen Einsatzes erreicht die AfD nur 10,2 Prozent der abgegebenen Stimmen und landet hinter der CSU, den Grünen und Freien Wählern auf dem vierten Platz. Man hatte sich deutlich mehr erhofft. Medien von rechts außen äußern offen ihre Enttäuschung, beispielsweise das *Compact*-Magazin:

> Bayern ist für den Befreiunskampf verloren und damit der gesamte Westen. Nun müssen mit aller Kraft die Bastionen im Osten verteidigt werden. Dort ist die AfD auf besserem Weg, denn sie hat das Image von Volksopposition und Bewegungspartei.[4]

Ob das Ergebnis der AfD ohne die Online-Kampagnen der Trolle anders ausgefallen wäre? Die Frage lässt sich kaum seriös beantworten. Die langfristigen Konsequenzen aus solchen Kampagnen zeigen sich ohnehin nicht darin, ob eine Partei ein paar Prozentpunkte mehr oder weniger erreicht. Es geht um die Beeinflussung der Netzkultur. Durch manipulierte öffentliche Debatten in einer toxischen Umgebung, durch Einschüchterung kommen viele Perspektiven gar nicht mehr vor. Aggressivität und Lautstärke bringen andere Stimmen zum Schweigen. Der Diskurs soll polarisiert werden. Das Ziel ist die Hegemonie in einer digitalen Öffentlichkeit, die mittlerweile sämtliche Bereiche des öffentlichen und privaten Lebens durchdringt.

Die totale Revolution

Warum nicht nur junge Leute Medienkompetenz lernen müssen

Um zu verstehen, wie radikal die digitale Revolution unser Leben verändert, muss man gar nicht so weit zurückschauen. Es reicht, sich an vergangene Jahrzehnte zu erinnern. Vor gar nicht allzu langer Zeit gab es viele Menschen, die waren während des Sommerurlaubs wochenlang nicht zu erreichen. Sie schrieben Postkarten mit wenig substanziellen Informationen über Wetter, Unterkunft und regionale kulinarische Spezialitäten. Ferngespräche waren möglichst für Notfälle vorbehalten, denn sie schraubten die Telefonrechnung schnell in schwindelerregende Höhen und sorgten in vielen Familien für allmonatliche Auseinandersetzungen. In Jugendherbergen, Ferienwohnungen und Wohngemeinschaften war neben dem Telefon ein kleiner Apparat angebracht, der unerbittlich die Einheiten zählte, in Notizbüchern oder Schreibblöcken mussten die Anrufer vor und nach dem Telefonat den Stand des Zählers notieren, um die Kosten auf die Verursacher umzulegen. Wollten die Menschen von unterwegs telefonieren, mussten sie zunächst eine Telefonzelle finden, gegebenenfalls Leute fragen, die bestimmt nicht Alexa oder Siri hießen, oder danach suchen – in der ganz realen Umgebung, nicht auf Google Maps. Stand man endlich in der Zelle, war die Luft darin stickig und zugig zugleich. Im »Örtlichen Telefonbuch«, das irgendwie immer nach feuchtem Keller roch, fehlte stets genau die Seite mit dem Anfangsbuchstaben des gewünschten Teilnehmers.

Entweder war sie herausgerissen oder verkokelt. Hatte man dann doch den gewünschten Gesprächspartner erwischt, musste man während des Telefonats ständig Kleingeld in den Apparat stecken. Die Gespräche endeten zumeist mit dem Satz: »Ich glaube, ich bin jetzt gleich weg!« Draußen klopften unterdessen andere ungeduldig gegen die zerkratzte Scheibe. Die Menschen empfanden es dennoch als Luxus, dass es quasi überall Telefone gab. Die Funktionen, die heute Smartphones anbieten, standen nicht einmal der Besatzung des Raumschiffs Enterprise zur Verfügung.

So eingeschränkt die Kommunikationsmöglichkeiten waren, so übersichtlich war die Versorgung mit Neuigkeiten. Die *Tagesschau* um 20 Uhr war das viel beschworene Lagerfeuer sowie der Taktgeber der Nation. Sie bot nicht nur inhaltliche Orientierung, sondern strukturierte den Tagesablauf, beendete das Tagwerk, läutete den Abend ein. Der Inhalt der Sendung, das Aussehen der Sprecher sowie die Themengewichtung wurden von Mutti oder Opa direkt in den Fernseher kommentiert. Jeder halbwegs »anständige« Haushalt hatte zudem eine regionale Tageszeitung abonniert, die am Wochenende wegen Tausender Anzeigen für Jobs, Wohnungen, Pkw oder Ferienwohnungen das Gewicht eines Ziegelsteins hatte und eine besonders große Leserschaft erreichte. Der Bahnhofskiosk verkaufte neben einigen großen Tageszeitungen eine Lokalzeitung, *Stern* und *Spiegel* sowie noch ein bis zwei rechtsradikale Blätter, die von heldenhaften deutschen Soldaten und verkommenen Ausländern sowie vaterlandslosen Kommunisten berichteten. Subkulturen gaben »Fanzines« heraus, um sich abseits der großen Nachrichtenkanäle eine kleine Nische zu schaffen.

In der DDR unterschieden sich die Erwartungen an Medien prinzipiell nicht von denen in der Bundesrepublik: Radio zum Frühstück, lokale Informationen aus regionalen Zeitungen,

Nachrichten über das Weltgeschehen in großen Zeitungen und dem Fernsehen. Anders sah es natürlich mit der Pluralität aus. Günter Schabowski, damals Chefredakteur des SED-Zentralorgans *Neues Deutschland*, brachte die Erwartungshaltung der SED an die Medien 1981 auf die Formel: »Was nützt dem Sozialismus, was nützt der DDR?« Wenn man gerade die Wirtschaftsbeziehungen mit Japan oder Skandinavien verbessern wolle, werde über diese Staaten eben anders berichtet als über die »imperialistischen Hauptländer«. Kurz gesagt: Was und wie berichtet wurde, gab die Partei als das Machtzentrum des Staates vor. Selbst in Detailfragen mischten sich die Agitationssekretäre der SED oder der Generalsekretär persönlich ein.[1] Wenig verwunderlich, dass solche Erfahrungen im DDR-Alltag bei vielen Menschen ein tiefes Misstrauen gegen Medien hinterlassen haben.

Und heute? Mit den Kommunikationskanälen der Menschen hat sich auch ihr gesamtes soziales Umfeld geändert. Es ist viel stärker als damals von der direkten geografischen Umgebung entkoppelt. Man hat heutzutage nicht nur über diverse Endgeräte Zugang zu unzähligen Medien, man kann auch jahrelang nebeneinander in einem Haus wohnen – und dennoch problemlos in vollkommen unterschiedlichen Welten leben. Nicht nur Wirtschaft und Politik haben sich globalisiert, sondern auch die individuelle Lebenswelt ist global geworden. Das Internet fungiert dabei als Informationskanal und zugleich als Kommunikationsraum, in dem die etablierten Medien wie Zeitungen, Hörfunk und Fernsehen mit unzähligen anderen Sendern wetteifern. Sie konkurrieren mit zahlreichen kleineren Blogs und Nachrichtenseiten, die entweder blinde Flecken in der Berichterstattung der Etablierten ergänzen oder durch Zuspitzung und Übertreibung versuchen, Aufmerksamkeit zu ergattern. Der Austausch und die Rezeption der Informationen ergeben dann das, was gemeinhin als öffentliche Meinung bezeichnet wird. Das Individuum tritt dabei nicht mehr nur als Konsument einiger weniger Nachrichtenkanäle auf, sondern kann sich den Überblick aus Dutzenden Quellen verschaffen und durch Kommentare in verschiedenster Form auch noch selbst zum Sender werden.

War der Alltag früher unbeschwerter? Lebte man ahnungslos und doch glücklich hinter dem Mond? Waren die Diskussionen weniger populistisch und tiefgründiger? So einfach ist es sicherlich nicht. Wer sich Leserbriefe in Zeitungen und Zeitschriften aus diesen Jahrzehnten anschaut, stößt auf erstaunlich viele Parallelen zu heutigen Textbausteinen aus Internetkommentaren. Doch die Möglichkeiten, eine Gegenöffentlichkeit zu schaffen, Medien direkt zu kritisieren oder zu attackieren, »alternative Medien« zu etablieren, waren weit eingeschränkter. Journalistinnen und Journalisten waren »Gatekeeper«, die durch ihre Themensetzung und Berichterstattung weitestgehend die Basis für den öffentlichen Diskurs legten.

Die totale Mediatisierung der Alltagswelt verändert nicht nur unseren Nachrichtenkonsum und damit unsere Wahrnehmung der Welt, sondern auch soziale Beziehungen wie Freundschaften oder den Großteil unserer Kommunikation. Folgt man der Auffassung, dass die soziale Wirklichkeit des Individuums und somit alles, was wir gemeinhin als politische Realität bezeichnen, das Ergebnis von Kommunikation darstellt, wird klar, wie fundamental die Veränderungen durch die digitale Revolution sind. Alles das, was wir mit Begriffen wie Gesellschaft, Kultur oder Öffentlichkeit zu fassen versuchen, basiert letztendlich auf Kommunikation zwischen Menschen. Und wenn sich die Kommunikation tiefgreifend verändert, wird dies zwangsläufig dazu führen, dass sich »Gesellschaft als kommunikative Veranstaltung, dass sich Politik, Kultur und Alltag, dass sich

Erfahrungen, Sozialisation und Identitäten wandeln, weil sie über Kommunikation konstruiert und durch immer mehr Medien vermittelt sind«, analysierte bereits 2007 der Kommunikationswissenschaftler und Soziologe Friedrich Krotz.[2]

Dass sich Gesellschaften durch neue Kommunikationsmöglichkeiten wandeln, ist nichts Neues, nur manchmal sind die Umbrüche besonders radikal – im wahrsten Sinne des Wortes: Die Kommunikation verändert sich von der Wurzel. Das schafft Verunsicherung. Denn alle diejenigen, die heute älter als vierzig Jahre sind, somit auch quasi alle, die Entscheidungen tragen, wurden in einer nach heutigen Maßstäben antiquierten Welt sozialisiert, haben dort ihre Konsumgewohnheiten und Medienkompetenz entwickelt. Sie sind damit aufgewachsen, dass die Informationen nicht rund um die Uhr auf sie eingeprasselt sind. Der Nachrichtenstrom war kanalisiert, gleichmäßig und übersichtlich und ließ sich auch leichter ignorieren. Nur bei ganz außergewöhnlichen Ereignissen veröffentlichten Zeitungen Extraausgaben und informierten die Sender in Sondersendungen. Heute rauschen – ganz unabhängig von der Nachrichtenlage – vierundzwanzig Stunden am Tag, sieben Tage die Woche Informationen und Berichte durch die verschiedenen Kanäle, auf Dutzenden TV-Sendern aus verschiedenen Staaten, im Radio, in Zeitungen und Magazinen. In sozialen Medien vermischen sich sogar noch Kommunikation und der Konsum von Nachrichten, beides ist hier längst nicht mehr deutlich voneinander getrennt. Viele der Ereignisse, die heute ausführlich in Medien abgebildet werden, waren früher eine Randnotiz. Meldungen aus Lokalzeitungen können über die sozialen Netzwerke sogar international für Aufsehen sorgen. Mit anderen Worten: Viele Menschen bekommen heute viel mehr mit von Ereignissen, von denen sie früher nie gehört hätten. Beispielsweise bei der Kriminalität kann das zu einer verzerrten Wahrnehmung führen: Wenn bestimmte Webseiten wie Einzelfall.info alle Meldungen zu Verbrechen in Europa bündeln, kann leicht der Eindruck entstehen, es herrsche überall nur noch Mord und Totschlag. Tatsächlich geht die Gewaltkriminalität seit Jahren zurück. Es gibt heutzutage weit mehr Nachrichten als früher, ohne dass tatsächlich mehr passieren würde. Dass sich viele Menschen von diesem Trommelfeuer überfordert fühlen, erscheint naheliegend.

Jugendliche von heute kennen die untergegangene rein analoge Welt nur durch Erzählungen. Sie wachsen mit sozialen Medien und Smartphones auf, Online- und Offline-Welt verschmelzen miteinander, beeinflussen sich gegenseitig. In diesem medialen Wust nicht die Orientierung zu verlieren ist eine riesige Herausforderung – und das spüren viele der Jüngeren. Sie wünschen sich deshalb Hilfe beim Umgang mit Fake News und Hass-Inhalten. Eine repräsentative Studie der Vodafone Stiftung Deutschland kam zu dem Ergebnis, dass drei Viertel der Befragten in der Schule über den Umgang mit Falschnachrichten und Hate Speech lernen wollen. Doch in den Klassenzimmern sei das Phänomen kein Thema, obwohl zwei Drittel der 14- bis 24-Jährigen die Verbreitung von Falschnachrichten als Bedrohung des gesellschaftlichen Zusammenhalts sehen. Um diese zu erkennen, müssen junge Menschen Medienkompetenz entwickeln. Dass es durchaus Bedarf gibt für mehr Unterstützung durch die Schulen, zeigt eine Studie des Deutschen Instituts für Vertrauen und Sicherheit im Internet. Beim DIVSI handelte es sich um eine gemeinnützige Einrichtung, finanziert von der Deutschen Post AG.[3] Im Rahmen der Befragung sollten Jugendliche den Satz vervollständigen: »Was ich über das Internet bzw. Internetnutzung weiß, habe ich gelernt von …« Lehrerinnen und Lehrer nannten gerade einmal 18 Prozent der Befragten (obwohl Mehrfachnennungen möglich waren). Die Lehrkräfte stehen an letzter Stelle und kommen damit nach Verwandten (19 Prozent), Eltern (33 Prozent) und Freundinnen und Freunden (59 Prozent). Fast 90 Prozent gaben an, sie hätten aus eigenen Erfahrungen gelernt.[4] Dass sich Jugendliche vor allem selbst und gegenseitig helfen, liegt auch daran, dass sich die Altersgruppe der 14- bis 19-Jährigen schon immer intensiver mit dem Internet beschäftigt hat als andere. Die ARD/ZDF-Onlinestudie zeigt: Bereits im Jahr 2003 nutzten 92 Prozent von ihnen das Internet. Bei der Gesamtbevölkerung lag der Wert bei 53,5 Prozent. Mit steigendem Alter nahm die Nutzung immer weiter ab.[5] Für Jugendliche und junge Erwachsene ist das Internet schon lange kein Neuland mehr, sondern längst Alltag.

Apropos Neuland: Viele überzogen Kanzlerin Merkel im Juni 2013 mit Hohn und Spott, als sie bei einem Treffen mit dem damaligen US-Präsidenten Barack Obama in Berlin sagte: »Das Internet ist für uns alle Neuland.« Es lohnt sich allerdings, das gesamte Zitat zu betrachten. Denn Merkel führt weiter aus, das Internet ermögliche »auch Feinden und Gegnern unserer demokratischen Grundordnung natürlich mit neuen Möglichkeiten und Herangehensweisen unsere Art zu leben in Gefahr zu bringen«. Sicherlich: Das Internet war 2013 längst nicht mehr für alle eine Terra incognita, so wie es auch eine unschöne Gewohnheit ist, im Namen eines nicht weiter definierten »Wir« zu sprechen. Aber Merkels Hinweis auf die Bedrohungen durch die Möglichkeiten der digitalen Revolution erscheint angesichts der Herausforderungen durch Desinformation, Fake News und Hass keineswegs so naiv und albern, wie es manche verstehen wollten.

Viele Jugendliche bewerten die digitale Welt ambivalent: Sie wird als Fluch und Segen zugleich angesehen. Aber, so legen die Studien nahe, junge Leute zeigen sich pragmatisch und realistisch. Für sie ist das Internet eine Art undurchschaubare

Blackbox. Sie akzeptieren, dass vieles unklar bleibt, und wissen zumindest um die technischen Möglichkeiten, Bilder und andere Inhalte zu »faken«. Jugendliche und junge Erwachsene müssen – und wollen – lernen in Sachen Internet. Und das unterscheidet sie von vielen Erwachsenen, die glauben, sie hätten im Laufe ihres Lebens ausreichend Medienkompetenz erlernt – Medienkompetenz aus einer untergegangenen Epoche wohlgemerkt. Jüngere Menschen wachsen eher mit einer Unsicherheit auf, sie helfen sich gegenseitig mit Tipps und schützen sich durch Skepsis. Diese Skepsis kann auch seriösen Medien begegnen, die sich deshalb besonders darum bemühen müssen, Orientierung anzubieten und nachvollziehbare Informationen zu liefern. Nur dann können sie Misstrauen abbauen und die Jüngeren für sich gewinnen.

Mehr Medienkompetenz für junge Leute – diesem Auftrag folgen diverse Initiativen und Organisationen. Lie Detectors beispielsweise organisiert Besuche von Journalistinnen und Journalisten an Schulen, die dort Kinder und Jugendliche zu »Lügendetektoren« ausbilden. Die jungen Lie Detectors sollen eigenständig Fake News im Netz erkennen und dazu beitragen, die Flut von irreführenden Inhalten einzudämmen. Medienkompetenz zu vermitteln stellt eine immense Herausforderung dar, vor allem für Lehrer und Lehrerinnen. Die meisten jungen Menschen kommunizieren über Snapchat, WhatsApp, informieren sich über YouTube, Instagram und Pinterest. Sie bewegen sich ganz selbstverständlich in ihrem digitalen Kosmos, während viele Lehrkräfte, von denen viele dreißig oder vierzig Jahre älter sind als ihre Schülerinnen und Schüler, staunend von den neuen Möglichkeiten hören und sich einige davon mühsam aneignen müssen.

So mag es zwar mittlerweile viele Lehrkräfte und Eltern geben, die das Internet und Social Media und dabei vor allem Facebook nutzen, doch die jungen Menschen sind schon längst weitergezogen. Tatsächlich gilt Facebook zunehmend als Netzwerk für Ältere.[6] In der U25-Studie aus dem Jahr 2014 findet sich ein Kapitel mit der Überschrift »Internet = Facebook«. Das soziale Netzwerk war demnach die zentrale Plattform für junge Leute. Das ist definitiv vorbei, Facebook spielt für viele Jüngere in Deutschland kaum noch eine Rolle. Wer einen Teenager in der Familie oder im Bekanntenkreis fragt, auf welchen Plattformen er oder sie aktiv ist, wird als Antwort zumeist bekommen: Snapchat, Instagram, Pinterest. Zwar wächst Facebook weiter, doch das liegt vor allem an zwei Faktoren: eine größere ältere Nutzerschaft sowie Messenger-Dienste wie WhatsApp, die Facebook einfach mit einberechnet. Experten bezweifeln, dass Facebook auf Dauer den wegbrechenden Nachwuchs durch zusätzliche Nutzerinnen und Nutzer aus älteren Zielgruppen ausgleichen kann.

Im Vorfeld der Europawahl im Mai 2019 prallen die unterschiedlichen Medien- und damit auch Lebenswelten jüngerer und älterer Menschen voll aufeinander: Das millionenfach abgerufene Video des 26-jährigen YouTubers Rezo wird zum Kristallisationspunkt eines neuen Generationenkonflikts – auf der einen Seite eine zunehmend politisierte Jugend, die sich vollkommen selbstverständlich in der digitalen Welt bewegt und von dort aus eine Klimaschutzbewegung wie »Fridays for Future« etablieren kann, auf der anderen Seite etablierte Politikerinnen und Politiker, denen jedes Verständnis von diesem und für dieses »Neuland« fehlt und die auf Rezos politische Attacke mit dem Vorwurf reagieren, es handele sich um Fake News.[7] Eine Unterstellung, die an der Botschaft des Videos vorbeigeht, denn Rezo präsentiert seine Meinung, unterfüttert diese aber mit zahlreichen Fußnoten und Quellen. Niemand muss seiner Einschätzung folgen, gezielte Falschmeldungen verbreitet er aber sicherlich nicht.[8]

Es stellt sich also die Frage, ob Jugendliche tatsächlich allein im Fokus stehen sollten, wenn es darum geht, vor Desinformation zu schützen. Was den Komplex Desinformation und Fake News betrifft, sind es offenbar mehr ältere Menschen, denen es an Überblick in der komplexen digitalen Welt mangelt, die Fake News teilen, denen die Skepsis fehlt, die zu naiv sind, was die Einschätzung der Manipulationsmöglichkeiten angeht. Dazu kommt, dass sich Ältere öfter einsam fühlen und weniger Gelegenheiten haben, sich über ihre Erfahrungen und Probleme in der Online-Welt auszutauschen.

Der US-amerikanische Politikwissenschaftler Kevin Munger untersucht das Online-Verhalten und die Auswirkungen auf politische Debatten von älteren Menschen und kommt zu einem sehr negativen Befund: Viele Ältere seien »allein, relativ reich, entfremdet und stecken an Orten fest, an denen sie niemanden kennen und sich wütend fühlen«, sagt er. »Und sie haben Zugang zum Internet.«[9] Das Pew Research Center, eine unabhängige »Denkfabrik« in den USA, stellt in einer Untersuchung fest, dass jüngere Menschen besser als ältere zwischen sachlichen Nachrichten und Meinungsbeiträgen unterscheiden können.[10] Eine andere Studie zeigt, dass deutlich mehr ältere als junge Leute glauben, die Nachrichten auf Facebook würden nicht von Algorithmen, sondern von Journalistinnen und Journalisten gewichtet.[11] Vielen Älteren fehlt offenbar schlicht das Verständnis, was technisch alles möglich geworden ist, und dass ihnen Facebook vor allem die Nachrichten präsentiert, die am ehesten ihrer eigenen Meinung entsprechen. Ihnen dürfte gar nicht bewusst sein, dass sie sich in einer Echokammer bewegen.

Keine Frage: Wir alle leben bis zu einem gewissen Grad in der eigenen Echokammer. Wichtig ist, dass man sich dessen bewusst wird und versteht, wie wichtig es ist, andere Meinungen, Perspektiven und Quellen zu bemühen, um die eigene Wahrnehmung und Rezeption zu reflektieren. Forschungsteams der Universitäten Princeton und New York analysierten für eine Studie die Facebook-Nachrichten von fast 1200 Menschen in den USA. Ergebnis: Es sind vor allem ältere Leute, die dazu beitragen, dass sich auf Facebook Falschmeldungen verbreiten. Nutzer im Alter von 65 Jahren oder älter teilen »fast sieben Mal mehr« Artikel von Internetseiten, die durch Fake News aufgefallen sind, als 18- bis 29-Jährige. Die Forscher und Forscherinnen verglichen die auf Facebook geteilten Links mit mehreren Listen von Webseiten, die dafür bekannt sind, Falschmeldungen zu verbreiten. Die in der Fachzeitschrift *Science Advances* veröffentlichte Studie ergibt, dass nur 8,5 Prozent der Probanden einen Link von einer dieser Seiten geteilt hatten. Diese waren jedoch zumeist älter. Und sie ordneten sich selbst eher dem konservativen Teil des politischen Spektrums zu. Begründet wird das Ergebnis mit der mangelnden digitalen Medienkompetenz älterer Menschen sowie mit einem schlechteren Erinnerungsvermögen. Dass mehr Republikaner als Demokraten Falschmeldungen weitergaben, könne dem Umstand geschuldet sein, dass während des Präsidentschaftswahlkampfs 2016 die meisten Falschmeldungen positiv über Trump berichteten. Wären mehr Falschmeldungen »pro Clinton statt pro Trump gewesen, hätten möglicherweise mehr Liberale als Konservative diese Inhalte geteilt«, heißt es in der Studie.[12]

Diese Ergebnisse hinsichtlich der politischen Richtung korrelieren wiederum mit Erfahrungen von Faktencheckern, aber auch von Wissenschaftlerinnen und Wissenschaftlern in Deutschland, die übereinstimmend feststellen, dass die meisten und wirkungsmächtigsten Falschmeldungen von rechts und nicht von links oder aus dem Ausland kommen. Die Stiftung Neue Verantwortung, eine Denkfabrik in Berlin, untersuchte in einer Studie

Fake News im Bundestagswahlkampf 2017 und bilanziert, einige zuvor medial geäußerte Befürchtungen seien nicht eingetreten. Weder konnte die Untersuchung nachweisen, dass Fake News aus Russland signifikante Verbreitung in der Öffentlichkeit gefunden hätten, noch seien bedeutende Vorgänge im linkspopulistischen Raum festzustellen. Fake News würden in Deutschland vor allem von Rechten, Rechtspopulisten und Rechtsextremen verbreitet, heißt es in der Studie. Dabei bilde die AfD die Speerspitze der Verbreitung, in sieben von zehn dokumentierten Fällen sei sie unter den Top Ten der reichweitenstärksten Verbreiter. Das rechtspopulistische Netzwerk sei besonders in den sozialen Netzwerken (allen voran: Facebook) aktiv.

Die Studie betont allerdings auch: Nicht alle Fake News gehen allein auf das Konto der Social-Media-Kanäle. Auch redaktionelle, »klassische« Medien spielen eine Rolle. Meist sind sie ein kritisches Korrektiv und Richtigsteller falscher Informationen (genannt werden Sueddeutsche.de oder der ARD-Faktenfinder), manchmal allerdings auch versehentlicher Katalysator oder sogar bewusster Auslöser (etwa Bild.de oder Welt.de, die sich auffallend oft zum Verbreiter von Fake News machen würden). Unsauberes Arbeiten betrifft in zwei Fällen auch die Deutsche Presse-Agentur (dpa). Neben Medienhäusern seien zudem staatliche Stellen oder Behörden bei der Verbreitung beteiligt und könnten selbst zum Auslöser von Fake News werden. Schuld daran sei oft eine unprofessionelle oder mindestens sorglose Öffentlichkeitsarbeit, ob von der Polizei auf Twitter oder bei der Auskunft staatlicher Stellen gegenüber Medien. In sämtlichen dokumentierten Fällen würden rechtspopulistische Kräfte diese Ungenauigkeiten nutzen und für sich instrumentalisieren.[13] Wer das Problem also auf junge Leute und Social Media begrenzt, macht es sich definitiv zu einfach. Das Problem ist weit größer.

Wie der Staat Tausende Verbrecher ignorierte

Ein Boulevardmedium führt in die Irre

»Justiz ignorierte Tausende Hinweise auf Kriegsverbrecher unter Flüchtlingen«, so lautet am 7. März 2019 eine Schlagzeile der *Bild*-Zeitung.[1] Die Vorwürfe klingen skandalös: »In der Flüchtlingskrise sind Tausende Hinweise auf mögliche Kriegsverbrecher unter den Asylsuchenden unbearbeitet liegen geblieben!«, schreibt das Blatt – natürlich mit Ausrufezeichen, um jeden Zweifel an der Darstellung wegzuwischen. Lediglich in 129 Fällen seien Ermittlungen begonnen worden, zitiert die *Bild* aus der Antwort des Bundesinnenministeriums auf eine FDP-Anfrage.

Es ist ein beliebtes Mittel unter Abgeordneten, Antworten auf Anfragen an die Regierung gezielt in Medien zu platzieren. Sie rufen in Redaktionen an und versuchen das jeweilige Thema exklusiv unterzubringen. Eine klassische Win-win-Situation: Medien erhalten ohne großen Rechercheaufwand eine Geschichte, die sie als exklusiv bewerben können, Personen aus der Politik setzen Themen, die in ihre Agenda passen. Oft ergeben sich aus den Antworten der Bundes- oder Landesregierung tatsächlich interessante Neuigkeiten, gar nicht so selten handelt es sich aber nur um eine kurze Auskunft, die keine Neuigkeit beinhaltet oder nur im Kontext Aussagekraft gewinnt.

Im Fall der Antwort auf die FDP-Anfrage zu den Kriegsverbrechern sind die Zahlen neu, ohne einen Kontext sagen sie aber nicht viel aus: Gegen wen richten sich die Hinweise konkret? Um was für Verbrechen geht es? Befinden sich die Verdächtigen in Deutschland oder im Ausland? Beziehen sich mehrere Hinweise möglicherweise auf ein Verbrechen? Wie viele Verfahren laufen noch? Viele Fragen, keine Antworten. Stattdessen verpasst die *Bild* der Geschichte eine Interpretation, die grob irreführend ist. So steht in der Antwort des Bundesinnenministeriums, dass es bei Befragungen von Geflüchteten durch das Bundesamt für Migration und Flüchtlinge (BAMF) rund 5000 Hinweise auf Kriegsverbrechen gegeben habe. Es handelt sich also nicht um 5000 mutmaßliche Kriegsverbrecher, sondern um 5000 Hinweise auf Kriegsverbrechen. Der CDU-Bundestagsabgeordnete Armin Schuster, Obmann der Unionsfraktion im Innenausschuss, stellt dazu im »Redaktionsnetzwerk Deutschland« klar: »Es handelt sich um Hinweise auf Kriegsverbrecher von Asylbewerbern – nicht unter Asylbewerbern. Das ist ein kleiner, aber wichtiger Unterschied.«[2] Die meisten der Hinweise seien zudem sehr unspezifisch gewesen und hätten sich auf mutmaßliche Kriegsverbrecher bezogen, die sich noch in Syrien oder dem Irak aufhielten. Viele Namen seien den Behörden nicht bekannt.

Die Geschichte der angeblich ignorierten Hinweise passt in ein größeres Narrativ: die Legende vom »Staatsversagen«, von der »Herrschaft des Unrechts«. Demnach ist der deutsche Staat nicht in der Lage oder willens, gegen Rechtsbrüche vorzugehen und diese zu ahnden. Oder: Die Rechtsbrüche seien sogar politisch gewollt, weshalb die Behörden gar nichts unternehmen dürften. Eigentlich stammt der Begriff »Staatsversagen« aus den Wirtschaftswissenschaften und beschreibt einen »Sachverhalt, wenn eine unternehmerische Tätigkeit des Staates zu schlechteren volkswirtschaftlichen Ergebnissen oder ineffizienteren Lösungen wirtschaftlicher Probleme führt als eine Organisation über den Markt unter Wettbewerbsbedingungen«.[3] Im Kontext von innerer Sicherheit und Flüchtlingsdebatten wird »Staatsversagen« aber mit einer neuen Bedeutung aufgeladen. Polizeigewerkschaft, Politikerinnen und Politiker, rechte Blogs – sie alle warnen vor »Staatsversagen«. Das ist der Rahmen, das »Framing«, das der Meldung die eigentliche Brisanz verleiht.

Doch im Laufe des Tages, an dem die *Bild*-Zeitung die Meldung veröffentlicht hat, betonen verschiedene Expertenstimmen, die erwähnten Hinweise seien höchst unterschiedlicher Natur: Mal hätten Flüchtlinge angeben, selbst von Verbrechen betroffen gewesen zu sein, andere beschuldigen sich selbst, viele berichten, Gräueltaten beobachtet zu haben. Daher richten sich die Vorwürfe nicht nur gegen Flüchtlinge, sondern vor allem gegen Terroristen, Milizionäre oder Soldaten, die sich mutmaßlich noch in Syrien oder dem Irak aufhalten. Viele Hinweise sind vage und eine Strafverfolgung ist praktisch unmöglich. Ohne konkreten Verdacht können die Ermittlungsbehörden gar keine Verfahren einleiten. Die Bewertung einer Meldung des BAMF als »Hinweis« bedeute nicht, dass dieser unmittelbar für ein Strafverfahren verwendbare Informationen enthalte, betont ein Sprecher des Innenministeriums. »Oft handelt es sich bei diesen Hinweisen um allgemeine Informationen über das Kriegsgeschehen in Krisenregionen oder aber zu tatverdächtigen Personen, die nicht identifizierbar sind.« Die Beweislage bei Verbrechen, die im Ausland begangen wurden, sei oft schwierig. Die Unterstellung, es seien Tausende Hinweise einfach ignoriert worden, weisen Ministerium, Behörden und Experten ausdrücklich zurück. Das Innenministerium erklärt: »Die Hinweise wurden nicht, wie von manchen Medien dargestellt, ignoriert, sondern selbstverständlich gesichtet und kategorisiert.« Vorrangig seien solche Hinweise bearbeitet worden, bei denen es »konkrete Hinweise auf in Deutschland befindliche Straftäter nach dem Völkerstrafgesetzbuch« gegeben habe. »Ressourcen der Ermittlungsbehörden auf Ermittlungen zu einem unklaren Tatvorwurf gegen eine nicht namentlich bekannte Person, die sich nicht in Deutschland aufhält, zu verwenden, wäre nicht sinnvoll.«[4]

Als Synonym für »ignorieren« schlägt der Duden unter anderem vor: beiseitelassen, keine / keinerlei Notiz nehmen, keines Blickes würdigen, missachten, mit Nichtachtung / Verachtung strafen, nicht zur Kenntnis nehmen, sich schenken / sparen, übergehen, überhören, übersehen, überspringen, unbeachtet / unberücksichtigt lassen, zurückstellen, hinwegblicken, unter den Tisch fallen lassen. Der Begriff impliziert ein aktives Wegschauen, ein mutwilliges Desinteresse, eine absichtliche Nichtverfolgung von mutmaßlichen Kriegsverbrechen. Die Macher der *Bild*-Zeitung feilen lange an Überschriften, Schlagzeilen zu texten ist anspruchsvoll – man darf also davon ausgehen, dass die Redaktion um die Bedeutung eines Verbs wie »ignorieren« weiß.

Die *Bild*-Meldung über die Tausenden angeblich ignorierten Hinweise auf Kriegsverbrecher »unter« Flüchtlingen schlägt nicht nur in den Social-Media-Kanälen ein, auch zahlreiche große etablierte Medien zitieren die Geschichte. Der moderne Nachrichtenjournalismus zeigt hier beispielhaft seine Anfälligkeit für Fehler, die hunderttausendfach reproduziert werden, wenn privilegierte Quellen wie die *Bild*-Zeitung solche Ungenauigkeiten oder grob irreführende Inhalte verbreiten. So geben am 7. März 2019 mehrere Nachrichtenagenturen die Meldung wieder und schreiben, viele Hinweise seien liegen geblieben. Diese Meldungen übernehmen wiederum Dutzende Nachrichtenseiten und Zeitungen. Erst im Laufe des Tages fragen Journalistinnen und Journalisten bei Ministerien, Behörden und Fachleuten nach, und es ergibt sich allmählich ein differenzierteres Bild.

Das Beispiel legt den Blick frei auf einen problematischen

Zustand von Medien in Deutschland, die zwischen Kostendruck und unklaren Finanzierungsmöglichkeiten versuchen, mit Nachrichten Geld zu verdienen. Ein Modell, das möglicherweise zum Scheitern verurteilt ist – Nachrichten scheinen kein profitables Geschäft zu sein, zumindest nicht, wenn journalistische Standards eingehalten werden sollen. Tatsächlich werden die meisten Inhalte nicht noch einmal geprüft. Das Kopieren von Meldungen aus dem Nachrichtenticker dauert nur wenige Minuten, viele Online-Seiten lassen beispielsweise dpa-Meldungen einfach direkt durchlaufen. So werden ohne weitere redaktionelle Befassung Inhalte generiert und Seiten für Suchmaschinen optimiert. Eine Prüfung von Meldungen setzt hingegen voraus, dass man sich die Inhalte – seien es Texte, Zitate, Bilder oder Zahlen – zunächst genau anschaut, dann die Quellen prüft, den Kontext versteht, wissenschaftliche Expertise einholt und bei Behörden nachfragt. So gibt die *Bild* in ihrem Artikel zu den angeblich ignorierten Hinweisen auf Kriegsverbrecher auch noch eine Zahl falsch an, schreibt von 2000 statt 200 Hinweisen, die von anderen Stellen gekommen seien. Um solche Fehler zu entdecken, braucht man aber Recherchekapazitäten und Zeit – beides im Nachrichtenjournalismus extrem knappe Ressourcen. Einige Medien nehmen sich diese Zeit und versuchen, die irreführenden Berichte, die sie teilweise selbst auf Basis des Artikels veröffentlichten, wieder »einzufangen«, doch viele Leserinnen und Leser dürften diese Richtigstellungen nie erreichen. Das Narrativ, die Behörden hätten absichtlich Tausende Kriegsverbrecher als Flüchtlinge ins Land kommen lassen oder zumindest nichts dagegen unternommen, kursiert bis heute in vielen Berichten und Kommentaren.

Handelt es sich um Fake News? Für diese These finden sich durchaus valide Argumente: Die *Bild*-Zeitung verfolgt nicht nur in dieser, sondern auch in anderen Meldungen und Artikeln offenkundig eine politische Agenda, nämlich die Diskreditierung der Flüchtlingspolitik Angela Merkels. Die Behauptung, Tausende Hinweise auf Kriegsverbrechen seien »ignoriert« worden, passt in das oft skizzierte Szenario von einem staatlichen »Kontrollverlust«, von einer »Herrschaft des Unrechts«, einem Staat, der versagt und seine Bürgerinnen und Bürger wahlweise nicht schützen möchte oder kann. Ein Gedankenexperiment dazu: Angenommen, ein Boulevardblatt möchte sehr positiv über Flüchtlinge und die Vorkommnisse seit 2015 berichten, wie könnte die Meldung dann lauten? Vielleicht so:

> Flüchtlinge helfen bei Ergreifung von Kriegsverbrechern! Sie liefern Tausende Hinweise auf Gräueltaten von Terroristen und Milizionären, vor denen sie fliehen mussten. Einige der Folterknechte geben sich selbst als Schutzbedürftige aus, dank der Hinweise von Flüchtlingen konnten bislang 129 Verfahren wegen Kriegsverbrechen eingeleitet werden.

Dies wäre beileibe keine sachliche Meldung, sondern ein politischer Spin, der dennoch näher an der Realität liegen dürfte als die Version der *Bild*-Zeitung.

Die Rolle von Boulevardmedien bei der Verbreitung von irreführenden oder komplett falschen Informationen ist, wie Studien zeigen, nicht zu unterschätzen. Doch wenn Journalismus von Stimmungen getrieben wird, bleiben irreführende Berichte nicht auf die viel gescholtenen Boulevardmedien begrenzt.

Von Köln nach Schorndorf bis Chemnitz

Wie Nachrichten Stimmungen beeinflussen

Jahreswechsel 2015 auf das Jahr 2016: Am Kölner Hauptbahnhof belästigen Männer aus einer großen Gruppe heraus zahlreiche Frauen. Die Täter bedrohen, bedrängen und begrapschen ihre Opfer, berauben sie dabei auch noch. Die Polizei berichtet von einer alkoholisierten Masse, im Schutz der Menge agieren die Täter aggressiv und enthemmt. Viele Männer am Bahnhof sollen aus Nordafrika stammen, nach Polizeiangaben hätten dies Personalkontrollen im Bahnhof ergeben. Bei der Polizei gehen in der folgenden Zeit mehr als 1000 Strafanzeigen ein, darunter mehr als 450 Fälle von Sexualdelikten, auch mindestens drei Anzeigen wegen Vergewaltigung. In den folgenden Monaten werden mehrere Täter verurteilt, zu Geld- und Bewährungsstrafen, Dauerarrest, Haft ohne Bewährung oder zu Bewährung mit zusätzlicher Geldstrafe. Viele Angeklagte stammen aus Nordafrika und sind zwischen 16 und 35 Jahre alt.

Die sexualisierte Gewalt von Köln sorgt für eine große gesellschaftliche Debatte. Sie dreht sich um Flüchtlingspolitik und Polizeiversagen, bisweilen auch um Sexismus. Der Polizeieinsatz wird von Fachleuten genau rekonstruiert und bewertet. Der Kriminalpsychologe Rudolf Egg wertet für ein Gutachten für den Untersuchungsausschuss des Landtags 1020 Strafanzeigen aus. Demnach wurden in 29,2 Prozent der Fälle Sexualdelikte angezeigt. 46,5 Prozent waren Eigentumsdelikte, in 17 Prozent der

Fälle handelte es sich um Eigentums- und Sexualdelikte. Aus den Daten ergibt sich laut Egg, dass die meisten Sexualstraftaten in der Zeit von 20.30 Uhr und 23.35 Uhr begangen wurden. Er vermutet, dass die Täter weder massenhaft Übergriffe geplant hätten noch Zufall die Ursache sei. Nachdem die Männer gemerkt hätten, dass die Polizei nicht eingreife, hätten sich immer mehr von ihnen zu Übergriffen ermuntert gefühlt. »In dieser Situation«, so heißt es im Gutachten, »konnten auch Personen, die ohne jede kriminelle Absicht an diesen Ort gekommen waren, zu Straftätern werden, sofern sie zumindest tendenziell Spaß daran hatten, andere zu dominieren.«[1]

Neben der Polizei und Kölns Oberbürgermeisterin Henriette Reker stehen in den Tagen und Wochen danach die Medien im Kreuzfeuer der Kritik. Sie hätten die Ereignisse verschwiegen, lautet ein Vorwurf. Die »Lügenpresse« lasse den »nordafrikanischen Sexmob links liegen«.[2] Die *Junge Freiheit* kommentiert am 7. Januar 2016:

> Wie ein Kartenhaus fallen die Lügengebäude des »Schweigekartells« in sich zusammen. Der kollektive Angriff eines enthemmten Mobs nordafrikanisch-arabischer Einwanderer auf Frauen in der Silvesternacht hat den Deutschen die häßlichen Begleiterscheinungen einer forcierten Landnahme brutal vor Augen geführt.[3]

Tatsächlich beginnt die bundesweite Berichterstattung erst am Montag, dem 5. Januar 2016. Wie kommt diese Verzögerung zustande? Ein Schweigekartell? Bewusste Manipulation? Der Glaube und die Absicht, sexualisierte Gewalt wegen »politischer Korrektheit« verschweigen zu wollen? Die Behauptung, es existiere ein Schweigekartell, scheitert an der falschen Annahme, dass sich verschiedene Medien sofort nach den Ereignissen hätten abstimmen und koordinieren müssen. Doch an Feiertagen und Wochenenden sind Personen in der Chefetage zumeist gar nicht im Haus, in den Redaktionen sind nur die absolut notwendigen Positionen vertreten, um den Sendebetrieb zu garantieren oder die Ausgabe des kommenden Werktags vorzubereiten. Pressestellen in Ministerien und Behörden sind ebenfalls nicht oder nur eingeschränkt besetzt. Wer schon einmal in einer größeren Redaktion gearbeitet hat, weiß, wie schwierig es ist, sich mit den Kolleginnen und Kollegen über einfachste Dinge zu verständigen, da kann es bereits eine Herausforderung sein, eine einheitliche Schreibweise von ausländischen Namen zu kommunizieren. Dass sich also am Neujahrstag Dutzende Medien, die zumeist in Konkurrenz zueinanderstehen, auf ein Schweigekartell einigen, ist – man muss es so deutlich sagen – Unsinn.

Auch der Vorwurf, alle Medien hätten aus falsch verstandener Toleranz geschwiegen, lässt sich nicht halten, wie eine Chronologie der Ereignisse von Köln zeigt: Am 1. Januar 2016, ein Freitag, veröffentlicht die Kölner Polizei um 8.57 Uhr eine Pressemitteilung, in der sie Bilanz zieht. Wörtlich heißt es:

> Wie im Vorjahr verliefen die meisten Silvesterfeierlichkeiten auf den Rheinbrücken, in der Kölner Innenstadt und in Leverkusen friedlich. Die Polizisten schritten hauptsächlich bei Körperverletzungsdelikten und Ruhestörungen ein. Von Donnerstagabend (31. Dezember) 18 Uhr bis heute Morgen (1. Januar) um 6 Uhr sprachen die Einsatzkräfte im Stadtgebiet Köln 94, in Leverkusen zwei Platzverweise aus. Bislang gingen bei der Polizei 20 Anzeigen zu Sachbeschädigungen ein (Vorjahr: 25). Im Vergleich zum letzten Jahr stieg die Zahl der Körperverletzungsdelikte von 78 in Köln leicht an. 80 Mal wurde die Polizei tätig. […] Kurz vor Mitternacht musste der Bahnhofsvorplatz im Bereich des Treppenaufgangs

zum Dom durch Uniformierte geräumt werden. Um eine Massenpanik durch Zünden von pyrotechnischer Munition bei den circa 1000 Feiernden zu verhindern, begannen die Beamten kurzfristig die Platzfläche zu räumen. Trotz der ungeplanten Feierpause gestaltete sich die Einsatzlage entspannt – auch weil die Polizei sich an neuralgischen Orten gut aufgestellt und präsent zeigte.[4]

Den Medien liegt zu diesem Zeitpunkt kein Hinweis auf massenhafte Übergriffe vor. Stattdessen beschäftigen sich die Nachrichtenredaktionen noch mit der Terrorwarnung von München, wo – so heißt es in der Silvesternacht – mehrere Iraker Anschläge geplant haben sollen. Der bayerische Innenminister Joachim Herrmann spricht am 1. Januar von einer konkreten Bedrohung durch die Terrororganisation Islamischer Staat. Das Ermittlungsverfahren zu dem Alarm wird einige Wochen später eingestellt, die Erkenntnisse reichen nicht aus für eine Anklage. Die Münchner Polizei kann weder die angeblichen Täter ermitteln, noch findet sie Sprengstoff oder Waffen. In Sicherheitskreisen wird diskutiert, ob der Islamische Staat gezielt falsche Hinweise streut – also desinformiert.

Während sich die Aufmerksamkeit am Neujahrstag auf die Terrorwarnung der Polizei konzentriert, berichten Kölner Lokalmedien bereits am Neujahrsabend über sexuelle Belästigungen. Sie zitieren Opfer, die von Männergruppen begrapscht wurden. Die Polizei bestätigt die Vorfälle, ohne weitere Details zu nennen. Dann kommen der Samstag und Sonntag, die Redaktionen arbeiten weiterhin nur mit einer Wochenendbesetzung, was kaum eigene Recherchen zulässt. Zudem liefern bislang weder Polizei noch Nachrichtenagenturen Hinweise auf Vorfälle, die von überregionaler Bedeutung wären. Doch genau solche privilegierten Quellen sind entscheidend, um auf ein Thema »einzusteigen«, wie es in Journalistenkreisen heißt. Meldungen von Nachrichtenagenturen sind nämlich besonders vertrauenswürdig und nicht jede Information darin muss verifiziert werden. Sonst wäre ein überregionaler Nachrichtenjournalismus kaum möglich.

Es gibt journalistische Grundregeln: Wer Journalismus betreibt, ist einer wahrheitsgemäßen Berichterstattung verpflichtet.[5] Die journalistische Sorgfaltspflicht muss eingehalten werden, wie das Bundesverfassungsgericht festgestellt hat.[6] Das heißt, dass man nur das veröffentlichen darf, was man nach gründlicher Recherche für richtig hält und nach eigener Ansicht wahr ist. Zur journalistischen Sorgfaltspflicht gehört es, sich vollständige Informationen zu beschaffen, bei Berichten über Straftaten müssen auch entlastende Hinweise oder Zweifel genannt werden. Die Wortwahl soll angemessen sein und darf nicht durch reißerische Formulierungen Stimmung schüren. Berichte und Aussagen in anderen Medien sollten überprüft, Vermutungen oder unbestätigte Gerüchte als solche markiert werden. Optimal ist es, wenn alle Quellen noch einmal gecheckt werden, vor allem, wenn es sich um unbekannte Absender im Netz handelt. Viele Redaktionen halten sich zudem an das Zwei-Quellen-Prinzip: Das heißt, sie berichten erst über eine Neuigkeit, wenn diese aus zwei vertrauenswürdigen Quellen unabhängig voneinander bestätigt wurde.

Doch, wie gesagt, nicht jede Quelle muss geprüft werden, um die journalistische Sorgfaltspflicht zu gewähren: Zu den privilegierten Quellen gehören Presseagenturen und etablierte seriöse Medien – wie beispielsweise die *Tagesschau, FAZ, Süddeutsche Zeitung* und andere –, ebenso wie Mitteilungen von Behörden oder auch der Polizei (was selbstverständlich nicht bedeutet, dass man den Angaben blind glauben sollte). Dieses Prinzip bietet praktische Vorteile, es birgt allerdings Schwächen und Risiken, wenn einer privilegierten Quelle Fehler unterlaufen, wenn sie ungenau berichtet oder sogar Sachverhalte verschleiern will. Was davon im Fall Köln zutrifft, lässt sich schwer abschätzen, auf jeden Fall muss die Kölner Polizei ihre Angaben vom 1. Januar korrigieren. Am 8. Januar um 11.30 Uhr veröffentlicht sie eine »Aktualisierung« und verkündet, bestimmte Aussagen der Pressemitteilung vom Neujahrstag seien »inhaltlich nicht korrekt«. Das ist zu diesem Zeitpunkt allerdings längst bekannt – durch die Berichterstattung von Medien. Denn bereits am Abend des 1. Januar berichtet die *Kölnische Rundschau* auf ihrer Webseite über massive sexuelle Übergriffe am Hauptbahnhof.[7] Andere Zeitungen legen nach. Mit anderen Worten: Es sind Teile der Presse, die die Angaben der Polizei korrigieren. Am späten Nachmittag des 2. Januar meldet sich diese wieder, diesmal mit der Nachricht, sie habe eine eigene Ermittlungsgruppe zu den »unterschiedlichen Vorfällen« gegründet. Am Abend verbreitet die dpa ihre erste Meldung, welche die Pressemeldung der Polizei wiedergibt. Auf Twitter findet sich am 2. Januar genau ein Tweet mit dem Hashtag #koelnhbf, am 3. Januar sind es acht. Dass die Netzwerke also bereits heiß gelaufen wären, so wie es später behauptet wird, lässt sich nicht nachvollziehen. Am Sonntag berichtet der *Kölner Express* über die Vorfälle und lässt ein Opfer ausführlich zu Wort kommen. Am Montag, dem ersten Werktag des neuen Jahres, schlägt das Thema dann bundesweit ein. Oberbürgermeisterin Henriette Reker und Polizeipräsident Wolfgang Albers informieren die Öffentlichkeit in einer Pressekonferenz über die Ausmaße der Straftaten. Die *Tagesschau* berichtet in ihrer Hauptausgabe um 20 Uhr.

Zusammengefasst: Die Vorlaufzeit bis zur bundesweiten Berichterstattung ist groß – zu groß. Als Gründe hierfür sind zu nennen: Aufmerksamkeit für andere Ereignisse wie den Terroralarm in München, ein Feiertag und ein anschließendes Wochenende, falsche Informationen der Polizei und beispielsweise beim ZDF, wie die Verantwortlichen später eingestehen, eine redaktionelle Fehleinschätzung hinsichtlich der Relevanz des Themas. Unabhängige Medien müssen sich zu Recht für Fehler kritisieren lassen und versuchen, daraus zu lernen. Tatsächlich sind es die regionalen Medien, die nach den Übergriffen bereits Augenzeugen und Opfer ausführlich das Wort geben, als die Polizei ihre falsche Pressemitteilung über ein weitestgehend friedliches Silvester noch längst nicht korrigiert hat. Das Ereignis zeigt vor allem eins: Medien benötigen Ressourcen, um Hinweisen nachgehen zu können – und Lokaljournalismus ist als Basis für die überregionale Berichterstattung von überragender Bedeutung. Ökonomische Zwänge und Gratiskultur im Netz bedrohen eine gründliche und nachhaltige Berichterstattung.

Was wir trotz der Fehler nicht erlebt haben, ist ein absichtliches Verschweigen. Genau das unterstellen nicht nur viele Menschen im Internet, sondern auch die AfD und ranghohe Politikerinnen und Politiker wie beispielsweise der ehemalige Bundesinnenminister Hans-Peter Friedrich von der CSU. Er spricht von einem »Schweigekartell« und erhebt sogar den Vorwurf, dass es »Nachrichtensperren« gebe, sobald Vorwürfe gegen Ausländer erhoben würden. Auf die Frage des NDR, was er dem Sender zum Beispiel genau vorwerfe, gibt Friedrich keine konkrete Antwort.[8]

Die Ereignisse von Köln haben weitreichende Folgen. Für viele Opfer dürften sie traumatisch gewesen sein, doch von den Betroffenen ist medial und politisch nur am Rande die Rede. Vielmehr verändern sich die Berichterstattung und Diskussionen über Flüchtlingspolitik und Kriminalität nachhaltig, sie bekommen eine klare Schlagseite. Medien scheinen tief getroffen von dem Vorwurf, sie hätten Straftaten verschweigen wollen. Offenkundig wollen sich viele Redaktionen ein solches Verhalten auf keinen Fall noch einmal nachsagen lassen und berichten im Folgenden lieber zu früh als zu spät. Darunter leidet die journalistische Sorgfaltspflicht.

Auch die Kriterien für die Relevanz werden weiter verschoben. Dies zeigt sich beispielsweise an einem Mordfall in Freiburg einige Monate nach den Ereignissen in Köln, im Oktober 2016. Dort tötet ein Asylbewerber eine junge Frau. Das Sexualverbrechen sorgt bundesweit für Aufsehen und Empörung, sogar international berichten Medien darüber – allerdings nicht über den Mord an sich, sondern über den Umstand, dass der Täter ein Flüchtling ist. Die *Tagesschau* greift den Mordfall nicht auf und steht damit im Kreuzfeuer der Kritik. Im Netz ohnehin, aber auch andere Medien wie der *Stern* werfen der *Tagesschau*-Redaktion vor, einem angeblich wachsenden Misstrauen gegen die eigene Zunft Vorschub zu leisten. Der Medienjournalist Stefan Niggemeier weist diese Kritik zurück und kommentiert: »Dieser Vorwurf ist absurd. Die ›Tagesschau‹ ›verschweigt‹ fast alle Festnahmen in Mordfällen. Sie berichtet selten über Mordfälle. Sie hat diesen Mordfall schon ›verschwiegen‹, als noch gar nicht klar war, dass der mutmaßliche Täter ein Flüchtling ist.« Die *Tagesschau* habe »berichtet wie sonst, obwohl ein Flüchtling beteiligt ist. Es ist nicht so, dass die ›Tagesschau‹ eine Ausnahme von ihrer sonstigen Regel gemacht hat. Sondern der ›Stern‹ und all die anderen Empörten fordern, dass sie im Fall von Flüchtlingen eine Ausnahme machen soll.«[9]

Auch rund um den Mordfall von Freiburg kursieren Fake News. Als wäre der Fall nicht schon grausam genug, werden noch Details erfunden. So hatte sich die junge Frau bei »Weitblick« engagiert, eine Studierendeninitiative mit mehr als 2000 Mitgliedern in 16 Städten Deutschlands. Seit 2011 gibt es Weitblick auch in Freiburg. Unter dem Motto »Bildungschancen weltweit« engagieren sich junge Menschen ehrenamtlich für Bildungsprojekte. Die ermordete Maria Ladenburger hatte sich für die Renovierung einer Schule in Bangladesch eingesetzt, ihre Eltern riefen in der Traueranzeige dazu auf, statt Blumen lieber Geld an die Initiative zu spenden.[10] Aus diesem Engagement wird in der Öffentlichkeit die Erzählung, die Studentin habe sich in Deutschland für Flüchtlinge engagiert. Dies ist auch in vielen großen Medien bis heute so nachzulesen. Die junge Frau und ihre Familie werden beschimpft. »Das war sehr, sehr schmerzlich, besonders wenn es auf zum Teil unflätigste Weise gegen unsere verstorbene Tochter ging«, sagt die Mutter Friederike Ladenburger der *Badischen Zeitung*.[11] Rechtsradikale und fremdenfeindliche Kreise geben der Ermordeten und ihren christlich-liberal orientierten Eltern Mitschuld an dem grausamen Schicksal.[12]

Der Täter Hussein K. wird am 22. März 2018 wegen Mordes und besonders schwerer Vergewaltigung nach Erwachsenenstrafrecht zu lebenslanger Haft verurteilt. Das Gericht stellt zudem die besondere Schwere der Schuld fest und ordnet den Vorbehalt einer Sicherungsverwahrung an. Die Eltern gründen eine Stiftung, die nach ihrer Tochter benannt wird. Die Maria-Ladenburger-Stiftung unterstützt Studierende der Universität Freiburg mit Behinderung, plötzlichen Erkrankungen oder in schwierigen Lebenssituationen sowie ausländische Studierende bei deren Integration in das universitäre Umfeld. Sie fördert auch Projekte der Entwicklungshilfe, etwa durch Praktika im Medizinstudium.[13]

Die neue mediale Aufgeregtheit zeigt sich auch im Fall Schorndorf, einer kleinen Stadt in der Nähe von Stuttgart: Wenn man verschiedenen Berichten und Kommentaren im Netz glauben möchte, soll es dort im Juli 2017 ein »zweites Köln« gegeben haben. Auch hier sind Medien zu schnell und zu ungenau.

Die Deutsche Presse-Agentur veröffentlicht am Sonntag, den 16. Juli 2017, mehrere Meldungen zu Vorfällen auf dem Schorndorfer Volksfest. Im Landesdienst für Baden-Württemberg schreibt die wichtigste deutsche Nachrichtenagentur unter anderem: »In der Nacht zum Sonntag versammelten sich laut Polizei bis zu 1000 junge Leute im Schlosspark und randalierten.« Das klingt brisant. Die Polizei hatte aber tatsächlich in einer Pressemitteilung erklärt:

> Im Schlosspark versammelten sich in der Nacht zum Sonntag, zwischen 20:00 Uhr und 03:00 Uhr ungefähr bis zu 1.000 Jugendliche und Junge Erwachsene. Bei einem großen Teil handelte es sich wohl um Personen mit Migrationshintergrund. Hierbei kam es zu zahlreichen Flaschenwürfe gegen andere Festteilnehmer, Einsatzkräften und die Fassade vom Schorndorfer Schloss.[14]

Die dpa meldet, die gesamte Gruppe von rund 1000 Jugendlichen habe randaliert. Dies ist jedoch nicht von den Angaben der Polizei gedeckt. Am 19. Juli berichtet die dpa daher, die Polizei habe ihre Zahlen in einer vorläufigen Bilanz zu den Vorkommnissen rund um das Volksfest korrigiert. Allerdings ist auch das nicht ganz präzise: Die Polizei konkretisierte die Angaben, von einer Korrektur kann keine Rede sein. Sie bleibt auch in dieser Pressemitteilung dabei, es hätten sich rund 1000 Jugendliche und junge Erwachsene versammelt. Etwa 100 hätten versucht, die Einsatzkräfte körperlich anzugehen. Dabei sei es auch zu »massiven Flaschenwürfen« gekommen. Die Vorkommnisse auf einem Stadtfest in Baden-Württemberg werden zu einem bundesweiten Aufreger. Vor allem, weil auch sexuelle Übergriffe an anderen Orten in der Stadt mit den Vorkommnissen im Schlosspark vermischt werden. So meldet die Polizei:

> Am Freitagabend wurden der Polizei bislang drei Vorfälle gemeldet, bei denen Frauen von Männern auf dem Marktplatz sexuell belästigt wurden. In einem Fall wurde ein irakischer Tatverdächtiger ermittelt. Am Samstag kam es am Bahnhofsvorplatz zu einer sexuellen Belästigung bei der eine 17-Jährige nach derzeitigem Ermittlungsstand von drei Männern festgehalten und am Gesäß begrapscht wurde. Hierbei konnten drei afghanische Asylbewerber als Tatverdächtige ermittelt werden. Die Ermittlungen der Kriminalpolizei dauern an.[15]

Oberbürgermeister Matthias Klopfer versucht, die vollkommen übertriebene Berichterstattung einzufangen, und erklärt in verschiedenen Medien, in seiner Gemeinde habe kein Ausnahmezustand geherrscht. Es habe am vergangenen Wochenende insgesamt vier Fälle sexueller Belästigung gegeben, und bei einer Feier von Schülerinnen und Schülern im Schlosspark hätten »zwei kleine Gruppen« mit Flaschen geworfen. Der Eindruck, »dass 1000 Jugendliche Randale gemacht haben und quasi Ausnahmezustand in unserer Stadt war, den kann man ganz klar verneinen«, betont der Bürgermeister. Es habe kein zweites Köln stattgefunden. Zu den zwei Gruppen im Schlosspark habe jeweils eine »untere zweistellige Zahl« von Menschen gehört. Diese seien anscheinend auch bekannt dafür, »regelmäßig« Auseinandersetzungen zu suchen, ergänzt Klopfer. Wer die Täter seien und welcher Nationalität sie angehörten, sei noch unklar. Dazu gebe es bislang keine klaren Erkenntnisse.[16]

Warum die Polizei überhaupt betont, dass sich viele Migranten im Schlosspark aufhielten, obwohl ihr keine eindeutigen Informationen vorliegen, bleibt offen. Einige Medien machen sich die Mühe, Personen zu befragen, die im Schlosspark anwesend waren – zumeist Schülerinnen und Schüler aus Schorndorf. Eine

16-Jährige berichtet gegenüber dem Online-Magazin Vice, der Abend sei so verlaufen wie in den Jahren davor auch: Die Jugendlichen aus der Gegend hätten sich im Schlosspark versammelt, um in ihren Cliquen Musik zu hören und »bisschen was zu trinken«. Das Publikum, sagt die Schülerin, sei auch das gleiche gewesen: »Ich habe in der Dunkelheit auch nicht jeden erkannt, aber der größte Teil waren Leute von 14 bis 20, die auf meine Schule oder andere Schulen hier gehen«, berichtet sie. »So eine Gruppe von Migranten oder so habe ich ehrlich gesagt gar nicht gesehen – das heißt natürlich nicht, dass die nicht da waren.« Eine andere Schülerin berichtet: »Kurz nach 12 Uhr wurde es immer leerer, da war mehr als die Hälfte eigentlich gegangen. Wenn irgendwas passiert ist, muss das vorher passiert sein – aber wir haben von Unruhen nichts mitbekommen.« Von Gruppen von Fremden oder Flüchtlingen habe sie nichts bemerkt. Um sie herum seien vor allem »sehr viele Schüler« gewesen, »die meisten kannte ich aus der Schule«.[17]

Das Beispiel belegt anschaulich, wie wichtig es ist, möglichst viele Personen zu befragen, die das Geschehen mit eigenen Augen beobachtet haben. Einzelne Berichte können sich voneinander unterscheiden oder Widersprüche erzeugen, weshalb sich erst aus mehreren Perspektiven ein schlüssiges Bild ergibt. Im Fall Schorndorf wird deutlich: Es hat sexuelle Übergriffe und im Schlosspark Flaschenwürfe gegeben, aber mit Vorfällen wie zu Silvester 2015/16 in Köln hat das alles nichts zu tun.

Im Netz sorgen die Vorkommnisse dennoch für enormes Aufsehen. Auf Twitter schreiben verschiedene Menschen von einem »zweiten Köln«. Die AfD versucht, die Stimmung weiter anzuheizen, indem sie behauptet, es habe eine »islamische Grapschparty« gegeben. Die AfD-Politikerin Alice Weidel schreibt auf Facebook von »zahlreichen sexuellen Übergriffen durch Migranten. Rund

1000 von ihnen, zumeist Iraker und Afghanen, haben sich laut Polizeiangaben im Schlosspark von Schorndorf versammelt und dort randaliert.«[18] Das ist falsch: Die Polizei hatte gar keine Nationalitäten genannt, sondern in einer ersten Mitteilung über einen Migrationshintergrund vieler Jugendlicher lediglich gemutmaßt. Doch solche Details spielen bei der Stimmungsmache keine Rolle. Auf der Webseite PI-News heißt es: »Was in der Millionenstadt Köln Silvester vor über eineinhalb Jahren aufgrund islamischer Massenmigration möglich war, ist jetzt auch in den gleichen Dimensionen in deutlich kleineren Städten Deutschlands Realität.« In Schorndorf »schossen, randalierten, begrapschten, zerstörten und leisteten über 1.000 Invasoren Widerstand gegen die Staatsgewalt«.[19] Aus Flaschenwürfen von einigen betrunkenen Jugendlichen am Rande eines Stadtfestes wird eine Art Bürgerkrieg.

Das Online-Portal Truth24 behauptet, »1000 Armutsflüchtlinge« seien an den Ausschreitungen beteiligt gewesen.[20] Ein »Arabermob« habe auf dem Volksfest gewütet und Frauen sexuell attackiert. Dabei fanden die sexuellen Übergriffe laut Polizei zu anderer Zeit an einem anderen Ort statt und nicht im Schlosspark in der Nacht zu Sonntag. Auch internationale Medien berichten über Schorndorf, beispielsweise die britische *Daily Mail*[21], die ebenfalls die örtlichen und zeitlichen Abläufe durcheinanderwirft. Die US-Seite Infowars behauptet sogar, Migranten hätten das Volksfest in ein »Vergewaltigungsfest« verwandelt.[22] Migranten seien auf eine Kirmes geströmt und hätten junge Frauen vergewaltigt und die Polizei attackiert. Die AfD trägt die vollkommen übertriebenen Berichte sogar in die Parlamente, sie beantragt im Landtag von Baden-Württemberg eine aktuelle Debatte zum Thema »Schorndorfer Stadtfest: Die Kölner Silvesternacht ist in der schwäbischen Provinz angekommen«.[23]

Grundsätzlich ist es zu begrüßen, wenn die alltägliche Gewalt gegen Frauen thematisiert wird. Doch das Perfide ist: Rechte Kreise skandalisieren nicht deswegen, weil es sich um sexualisierte Gewalt gegen Frauen handelt, sondern weil es ihnen um die Herkunft der Täter geht. Ist ein Verdächtiger Deutscher, spielt die Tat öffentlich zumeist kaum eine Rolle. Auch wenn ein Vater seine Familie tötet, ist verharmlosend von einer »Tragödie« die Rede. Ist aber ein Verdächtiger Ausländer, laufen die sozialen Netzwerke sofort heiß. Und nennt die Polizei gar keine Nationalität, vermuten viele, diese Information werde absichtlich zurückgehalten. Vanessa Bell von der Organisation Terre des Femmes erklärt, Gewalt gegen Frauen werde »instrumentalisiert, um rassistische Forderungen, Vorurteile und Ängste in der Gesamtbevölkerung zu schüren«. Tatsache sei, dass die meisten Gewalttaten gegen Frauen »in den eigenen vier Wänden stattfinden und nicht in dunklen Straßen von unbekannten Personen«. Wenn nur dann berichtet werde, sobald »es sich bei den Tätern um eine Person anderer Nationalität handelt, entsteht ein verzerrtes Bild. Sexualisierte Gewalt findet in allen sozialen Schichten statt – und zwar in einer dramatischen Regelmäßigkeit.«[24]

Angst vor Kriminalität und Wut schüren, ein verzerrtes Bild der Realität entwerfen, journalistische Kriterien verändern sowie die Glaubwürdigkeit von Medien und rechtsstaatlicher Institutionen beschädigen – auf diese Weise lässt sich die gesellschaftliche Atmosphäre gezielt anheizen. Im August 2018 wird Chemnitz zum Kristallisationspunkt dieser Entwicklung, hier schlägt der Hass in offene Gewalt um. »Bunt bis das Blut spritzt!« – so steht es auf einem Plakat in der sächsischen Stadt. Darunter die Fotos von Menschen, die Opfer von Gewalttaten geworden sind. Es wird der Eindruck erweckt, es handele sich um Taten, die Migranten in Deutschland begangen hätten. Die Recherche-Plattform mimikama hat die Herkunft der Fotos untersucht. Das

Ergebnis: Sie stammen aus dem Ausland, unter anderem England und Irland, bei einigen bleibt die Herkunft unklar. Mit Gewalt von Migranten haben sie nichts zu tun. Bei einer abgebildeten Person handelt es sich sogar um eine geschminkte Schauspielerin. Mit solchen Motiven wird der Hass nach einem Tötungsdelikt in der sächsischen Stadt geschürt.[25]

In Chemnitz hatten bereits im Frühjahr 2018, also einige Monate zuvor, zwei vermeintliche Vergewaltigungen für Empörung gesorgt. Ein junger Syrer saß 15 Tage in Untersuchungshaft, in den sozialen Netzwerken tobte der Hass. Die Ermittlungen zeigen später, dass es die Taten nicht gab. Die ehemalige CDU-Abgeordnete Vera Lengsfeld veröffentlicht Ende August 2018 einen anonymen Beitrag, in dem behauptet wurde, es seien in diesem Jahr in Chemnitz bereits 60 Frauen vergewaltigt worden, 56 der Täter seien Migranten. Die Polizei teilt hingegen mit: Zwischen Anfang Januar und Ende Juli habe es 14 Vergewaltigungen in der Stadt gegeben, zwölf Fälle wurden aufgeklärt, drei – und nicht 56 – Verdächtige seien keine Deutschen.[26] Was bei diesen Zahlen allerdings zu beachten ist: Erst im Oktober stellte sich heraus, dass die beiden erwähnten Vergewaltigungen in Chemnitz gar nicht stattgefunden hatten, in die Statistik für die Zeit bis Ende Juli dürften sie aber noch eingeflossen sein. Auch bei den Tatverdächtigen tauchten mindestens zwei Personen auf, die unschuldig sind.

Am 4. September 2018 veröffentlicht dann der stellvertretende Chef der AfD in Sachsen, Maximilian Krah, einen Artikel im *Deutschland-Kurier*. Darin behauptet er: »Seit dem 1.1.2018 wurden in Chemnitz 60 Frauen vergewaltigt. Die Polizei sagt, 56 von Migranten, 4 von Unbekannt.«[27] Diese Behauptung ist gleich doppelt falsch: Zum einen stammen die Angaben nicht von der Polizei, zum anderen sind die Zahlen nicht richtig, ihnen hatte die Polizei bereits öffentlich widersprochen.[28]

Auch nach dem Tötungsdelikt Ende August ruft die Polizei dazu auf, keine Gerüchte und Spekulationen zu verbreiten, da die Hintergründe der Tat noch weitgehend im Dunkeln lägen. Das Opfer ist ein 35-Jähriger, der selbst – so sagen es Freunde – Probleme mit Rassisten in Chemnitz hatte, weil sein Vater Kubaner war. Bei einer Demonstration am 27. August 2018 ist von Trauer zudem wenig zu spüren. Neonazis brüllen Parolen wie »Ausländer raus!« oder fordern zur Gewalt gegen die politische Gegenseite auf. Einer entblößt sein Gesäß, andere zeigen den Hitlergruß. Die AfD mischt kräftig mit, ihre Bundestagsfraktion sichert sich die Domain »Messereinwanderung.de«.

Kriminalität ist längst eines der wichtigsten Themen geworden, um Angst und Wut zu schüren und den etablierten Medien zu unterstellen, sie würden lügen oder verzerrt berichten. Die »AfD Fraktion Hochtaunuskreis« malt auf Facebook das Menetekel einer Revolution an die Wand, bei der Funkhäuser und Presseverlage »gestürmt und die Mitarbeiter auf die Straße gezerrt« würden. Später ist die Seite nicht mehr zu erreichen.[29] Um zu beweisen, dass die »Mainstreammedien« lügen, werden gezielt immer neue falsche Informationen verbreitet – so beispielsweise die Behauptung, es habe ein zweites Todesopfer in Chemnitz gegeben. Die Facebook-Seite Heimat und Tradition Chemnitz Erzgebirge schreibt, ein weiterer couragierter junger Mann sei seinen Verletzungen erlegen.[30] Dies wird von offiziellen Stellen wiederholt dementiert, dennoch ist dieser Fake weiter im Umlauf – sogar international. Zum Tathergang kursieren viele vermeintliche Details. So heißt es beispielsweise, der 35-Jährige sei durch 25 Messerstiche regelrecht »abgeschlachtet« worden. In Videos ist von einem Massaker an drei Deutschen die Rede. Sie sollen eine Frau vor einem sexuellen Übergriff geschützt haben. Die Polizei dementiert auch dies mehrfach.

Dass diese Falschmeldung dennoch so viele Menschen erreicht, dürfte auch daran liegen, dass nicht nur kleinere sogenannte alternative Medien, sondern auch die *Bild*-Zeitung dieses Gerücht verbreitet. Sogar international sorgt die Meldung für Aufsehen: Der Beitrag, den der britische Rechtsextremist Tommy Robinson verbreitet, wird weit mehr als 10 000 Mal geteilt. Viele bezeichnen daraufhin den Getöteten Daniel H. als Helden, der deutsche Frauen vor Flüchtlingen beschützt habe. Die Medien würden dies, genau wie das zweite angebliche Todesopfer, totschweigen. Über einen der mutmaßlichen Täter von Chemnitz wird auf verschiedenen rechtsextremen Seiten zudem behauptet, er habe seinen Mord quasi angekündigt. Als Beleg wird ein Facebook-Posting des Verdächtigen aus dem Jahr 2016 angeführt. Damals hatte er ein Foto von sich und einem Freund veröffentlicht, daneben steht auf Arabisch: »شتقتلكم اصدقائي«. Tatsächlich übersetzt Facebook diesen Satz ins Deutsche mit »Ich werde Euch töten, meine Freunde!«, was inhaltlich allerdings wenig Sinn ergibt. Lässt man sich den Satz ins Englische übersetzen, erscheint: »I miss you, my friends.« Arabischsprachige Journalisten bestätigen dies, die korrekte Übersetzung lautet: »Ich vermisse euch, meine Freunde.«

Zudem kursiert ein weiterer Fake, mit dem die Glaubwürdigkeit deutscher Medien beschädigt werden soll: Rechtsradikale Facebook-Gruppen verbreiten einen angeblichen Pressebericht, in dem behauptet wird, ein internationaler Journalistenverband warne vor der einseitigen und irreführenden Berichterstattung über Chemnitz. Auch dies sei eine gezielte Falschmeldung, die sich leicht durchschauen lasse, wie das Medienblog Flurfunk Dresden anmerkt.[31] Denn der in dem Beitrag genannte Journalistenverband namens »European Press Watch« existiert gar nicht.

Mit den gezielt irreführenden Inhalten mobilisieren rechtsradikale Gruppen für einen »Trauermarsch«, bei dem sich schließlich Tausende Menschen einfinden. »Ganz normale« Bürgerinnen und Bürger, die Pegida-Anhängerschaft, hochrangige Führungskräfte der AfD bis hin zu militanten Neonazis marschieren durch die Straßen von Chemnitz, aufgeputscht durch Falschmeldungen nach einem Tötungsdelikt, das bis heute nicht abschließend aufgeklärt ist. Rechtsextreme gießen immer mehr Öl ins Feuer und behaupten, Kanzlerin Merkel habe angeordnet, die »Bürgerproteste« in Chemnitz von der Bundespolizei niederknüppeln zu lassen. Eine Quelle dafür gibt es nicht. Es wird außerdem behauptet, erstmals werde die Bundespolizei bei Protesten eingesetzt. Auch das ist falsch. Tatsächlich war sie vorher schon bei G20 und mehreren Pegida-Demonstrationen im Einsatz. Auf der Webseite der Bundespolizei wird die Unterstützung eines Bundeslandes bei Demonstrationen als normale Aufgabe aufgeführt.[32]

Doch um Fakten kümmern sich die Urheberinnen und Urheber der zahlreichen Falschmeldungen nicht. Ihre Fake News dienen letztlich einem Zweck: Die Wut soll vom Netz auf die Straße getragen werden. Dabei haben sich Migration und Kriminalität längst als wirksamste Mobilisierungsthemen erwiesen. Und jeder, der zur Zurückhaltung mahnt, der zum Beispiel darauf hinweist, dass die Kriminalität nicht immer weiter steigt, wird der Relativierung und Komplizenschaft bezichtigt.

Chemnitz ist bislang der Höhepunkt dieser Entwicklung gewesen, doch es gibt auch weiterhin Versuche, Verbrechen zu instrumentalisieren: Im Januar 2019 wirft die Polizei einem AfD-Verband auf Twitter die Verbreitung von »hetzerischen Fake News« vor.[33] Anlass ist der Fund einer Frauenleiche in Freiberg in Sachsen. Passanten hatten sie in einem Straßengraben entdeckt. Noch am Nachmittag veröffentlicht die Polizei eine Pressemitteilung, in der es heißt, man könne zu dem Zeitpunkt »weder eine Straftat noch einen Unfall ausschließen«.[34] Daher seien dringend Zeugen gesucht. Die *Bild*-Zeitung berichtet etwa eine Stunde später über den Vorfall, im Wesentlichen besteht die Nachricht aus den Informationen der Pressemitteilung. Einen Tag danach veröffentlicht das rechtsradikale Blog Halle Leaks eine Meldung und behauptet mit drastischen Ausdrücken, die Frau sei sexuell missbraucht, danach »geschlachtet« und »entsorgt« worden. Dies sei »Frauenalltag in der Merkel-brd«. Damit soll ein Zusammenhang zwischen dem mutmaßlichen Tötungsdelikt und der Flüchtlingspolitik der Bundeskanzlerin konstruiert werden. Weiter heißt es, »Lügenpresse und Polizei« würden gezielt Informationen verheimlichen, um »keinen Volksaufstand zu provozieren«. Ein Kommentator schreibt zu der Meldung: »Die dt Bundesregierung, Altparteien und ihre Systempresse sind Kriegsverbrecher«, sie müssten vom »Volksgericht zum Tode verurteilt werden«.[35]

Am Folgetag veröffentlicht die Polizei eine weitere Pressemitteilung. Die Obduktion der Leiche habe ergeben, dass es sich um ein Tötungsdelikt gehandelt habe. Zudem habe man einen Tatverdächtigen aus dem persönlichen Umfeld der Frau ermittelt. Dieser sei tot aufgefunden worden, dem »derzeitigen Stand der Ermittlungen« zufolge »liegen Hinweise auf einen Suizid vor«. Die Polizei teilt mit, sowohl das Opfer als auch der mutmaßliche Täter seien Deutsche aus der Region und hätten sich gekannt.[36]

Social Bots als Gefahr für die Demokratie

Können Algorithmen unsere Debatten steuern?

Dezember 2018: Bundesjustizministerin Katarina Barley warnt vor einer Gefahr für die Demokratie durch automatisierte Konten in den sozialen Netzwerken. Der massenhafte Einsatz von Social Bots in der Diskussion über den UN-Migrationspakt werfe ein Schlaglicht darauf, wie organisierte Falschmeldungen Debatten beeinflussen können. »Die Betreiber sozialer Netzwerke müssen ihrer Verantwortung gerecht werden und entschieden gegen Fake-Accounts vorgehen«, fordert Barley.[1] Auch die stellvertretende Vorsitzende der Unionsfraktion, Nadine Schön, fordert Plattformbetreiber wie Twitter auf, für mehr Transparenz zu sorgen. »Den Nutzern muss eindeutig klar sein, ob ein Mensch oder ein Social Bot einen Tweet oder einen Post veröffentlicht hat«, sagt Schön.[2]

Social Bots sind Programme, die beispielsweise Twitter-Konten automatisiert steuern. Es handelt sich um virtuelle Roboter, die in sozialen Netzwerken aktiv sind und dort ein soziales Verhalten vortäuschen. Wie ausgefeilt sie programmiert sind, ist allerdings sehr unterschiedlich: Die Spannbreite reicht von simplen Codes, mit denen nur wenige Funktionen gesteuert werden, bis hin zu komplexen Kombinationen aus Befehlen und Reaktionen.

Ein Beispiel für einen simplen Twitter-Bot ist das Profil von Alt-Right Europe, das im Februar 2017 eingerichtet wird.[3] In den folgenden zwei Jahren veröffentlicht Alt-Right Europe rund

60 000 Tweets. Als einen Hinweis auf eine automatisierte Steuerung setzen verschiedene Analysefachleute die Schwelle von mindestens 50 Tweets am Tag, diese Hürde nimmt der Twitter-Bot locker. Schaut man sich die Inhalte an, fällt sofort auf: Das Konto verbreitet fast ausschließlich Inhalte anderer Seiten. Darunter finden sich Brexit-Meldungen des britischen Tabloid *Daily Express* sowie Artikel von rechtsradikalen Blogs wie PI-news, Voice of Europe, Infowars oder Gates of Vienna. Auch die Videos bestimmter YouTube-Kanäle, unter anderem des britischen Aktivisten Tommy Robinson, twittert Alt-Right Europe automatisiert. Eine Auswertung mit dem Tool Foller.me liefert weitere Hinweise darauf, dass es sich um einen Social Bot handelt: Demnach werden die Inhalte in 99 von 100 Beispielen mit dem Tool Feed2-Tweet erzeugt, das heißt, sie werden von vorher festgelegten Seiten übernommen.[4] Außerdem antwortet Alt-Right Europe fast nie auf andere Tweets. Und: Das Profil twittert rund um die Uhr, was ein wichtiges Indiz für automatisiertes Verhalten ist. Das Analyse-Tool Botometer kommt ebenfalls zu dem Ergebnis, dass mit hoher Wahrscheinlichkeit automatisiert getwittert wird.[5]

Alt-Right Europe versucht allerdings auch gar nicht, wie ein Mensch mit anderen Nutzern zu kommunizieren. Ähnliche Seiten, die quasi ausschließlich retweeten, existieren zu Hunderten, insbesondere im Umfeld von AfD-Konten. Allerdings werden diese Accounts von Analyse-Tools nicht unbedingt als Bots eingestuft, beispielsweise weil sie nicht hyperaktiv retweeten wie Alt-Right Europe, weil sie nicht rund um die Uhr reagieren, nicht mit Textbausteinen auf Anfragen antworten oder weil sie einen hybriden Charakter haben, also teilweise automatisiert funktionieren, aber zeitweise von Hand gefüttert werden. Einige Profile dämmern über Monate im digitalen Nirwana und erwachen bei bestimmten Themen plötzlich wieder. Und so kommen Analyse-Tools bei der Bewertung solcher Profile zu sehr unterschiedlichen, teilweise widersprüchlichen und fragwürdigen Ergebnissen.

Ende 2018 sorgt eine Studie für großes Aufsehen in Deutschland. Laut einer Untersuchung der Firma Botswatch seien mehr als ein Viertel aller Tweets zum Ende 2018 verabschiedeten UN-Migrationspakt auf Social Bots zurückzuführen. Der Durchschnitt bei politischen Diskussionen liege dagegen gewöhnlich etwa bei 10 bis 15 Prozent. Die Untersuchung basiert auf rund 800 000 Tweets, die im Zeitraum vom 24. November bis 2. Dezember 2018 veröffentlicht wurden. Wichtig für die Verbreitung der Inhalte sind demnach neben Twitter auch Plattformen wie YouTube. Die Analyse kommt zu dem Schluss, dass die Bots besonders oft im Umfeld von AfD-Konten agieren. Social-Media-Fachleute weisen allerdings darauf hin, dass nicht transparent sei, welche Kriterien Botswatch für die Identifikation von automatisierten Konten überhaupt benutzt. Erfahrungsgemäß sei es kompliziert, Bots zu erkennen, betont der Analyst Luca Hammer.[6] Programme, die Social Bots erkennen sollen, lägen oft falsch. Vielmehr müsse man untersuchen, wie einzelne Konten agieren, wie sie auf Anfragen reagieren und vieles mehr. Sein Urteil: Für eine sehr große Zahl von Accounts sei das kaum zu leisten. Zudem belegen Auswertungen mit anderen Programmen, wie beispielsweise dem Analyse-Tool Hoaxy, keineswegs, dass die Diskussion durch Social Bots angefacht worden sei.[7]

Aber wie arbeitet Botswatch konkret? Hammer und andere Analysten fordern auf Twitter, die Methodik solle offengelegt werden.[8] Das Start-up-Unternehmen verweist auf Nachfragen auf seine Webseite, wo das Vorgehen erklärt sei.[9] Nach welchen Kriterien Social Bots definiert werden, steht dort aber nicht. Dort wird lediglich behauptet, Botswatch sei »in der Lage, automatisiert und in Echtzeit Social Bots und manipulative Netzwerke in sozialen Medien und auf digitalen Plattformen zu finden«. Zur Definition heißt es, man verstehe Social Bots »als Accounts, die mit einem überdurchschnittlich hohen Grad an Automation im Social Web arbeiten«. Im Sommer 2016 habe Botswatch einen »eigenen Kriterienkatalog für die Bot Detection entwickelt«, der seitdem laufend aktualisiert werde. Mit anderen Worten: Eine transparente Erklärung gibt es nicht, und wie Social Bots definiert werden, bleibt unklar.

Grundsätzlich stellt sich die Frage, ob automatisierte Konten tatsächlich über die Macht verfügen, politische Debatten im Internet und damit gar den Ausgang einer Wahl zu beeinflussen. Isoliert betrachtet, haben sie diese Macht sicher nicht, der Einsatz von Social Bots unterstützt und flankiert lediglich größere Kampagnen oder Konten, die als Scharniere fungieren. Ohnehin ist es höchst komplex, die Motive für politische Entscheidungen vieler unterschiedlicher Menschen zu analysieren und eindeutig zu benennen, denn natürlich spielen zahlreiche Faktoren eine Rolle. So viel lässt sich jedoch mit Sicherheit sagen: Kein Mensch wird wegen eines Social Bots, der eine Fake News retweetet oder einen negativen Kommentar auf YouTube veröffentlicht, plötzlich seine Weltsicht verändern.

Wie gefährlich also sind Social Bots? Wie ernst sollte man sie nehmen? Es gehe zunächst einmal darum, ein eigenes Ökosystem mit einem komplexen Wechselspiel maschineller und menschengemachter Tweets zu verstehen, sagt beispielsweise Christian Stöcker von der Hochschule für Angewandte Wissenschaften Hamburg bei einer Anhörung im Bundestag.[10] Denn nicht nur im politischen, sondern auch im wirtschaftlichen Bereich hätten anonyme und automatische Beiträge durchaus das Potenzial, Schaden anzurichten. Populäre Hashtags würden mit ablenkenden oder falschen Meldungen geflutet, um die öffentliche Meinung zu beeinflussen. Dass Social Bots existieren, sei ein Faktum, sagt auch der Politikwissenschaftler Simon Hegelich von der Hochschule für Politik München. Es gebe im Internet zahlreiche manipulierte Trends, auch im völlig unpolitischen Bereich. Sämtliche Diskurse in allen möglichen Netzwerken seien von algorithmischen Verzerrungen betroffen. Man dürfe sich jedoch von deren massenhaftem Auftreten nicht zu falschen Schlussfolgerungen verleiten lassen. Eine Beeinflussung der politischen Willensbildung sei kaum nachweisbar, Folgen für die Politik seien schwer einzuschätzen. Das massenhafte Liken von Star-Wars-Zitaten sei sicherheitspolitisch nicht so aufregend. Dennoch müsse man sich mit dem Phänomen auseinandersetzen. Vorstellbar sei immerhin, dass sich Falschmeldungen, wie es etwa bei dem Amoklauf 2016 in München geschehen ist, unkontrolliert verbreiteten.

Letztendlich ist die Debatte über Social Bots eine Stellvertreterdiskussion: Moderne Technik wird für Propagandazwecke instrumentalisiert. So wie die Nationalsozialisten vor achtzig Jahren neue Massenmedien wie Radio und Film für sich instrumentalisierten, so missbrauchen heutzutage bestimmte Personen Twitter und Facebook, um Diskussionen zu manipulieren. Social Bots sind ein Symptom für politische Verwerfungen und sie verstärken diese Entwicklungen noch. Natürlich können Tools bei der Identifikation von Social Bots helfen, sie ersetzen aber weder die inhaltliche Analyse noch eine abschließende Bewertung. Auch lassen sich Problem und Problemlösung nicht auf die technische Ebene abschieben. Gesetze werden ebenfalls kaum weiterhelfen.

Gleiches gilt auch für das Erkennen und die Analyse von gezielten Falschmeldungen: Tools können anzeigen, welche Inhalte im Netz gerade besonders stark geteilt werden, sie können Indizien für Fake-Inhalte liefern, aber sie können weder die Relevanz einschätzen noch den Kontext erfassen oder einen Subtext sowie das größere Narrativ erkennen. Journalismus bleibt Kopf- und Handarbeit, der Kampf gegen Desinformation lässt sich nicht per Knopfdruck gewinnen, auch wenn viele Anbieter von Software das gerne behaupten.

Doch nicht nur die Möglichkeiten, Social Bots automatisiert zu identifizieren, sind beschränkt, auch die Fähigkeiten der Social Bots sind limitiert und sollten nicht überschätzt werden: Sie können bestimmte Inhalte verbreiten und Relevanz oder Zustimmung simulieren, zudem Stimmungsbilder manipulieren, indem sie zu einem Thema besonders viele Tweets absetzen. Sie können mit vorgegebenen Textbausteinen auf Anfragen oder Tweets reagieren – oder Freundinnen und Freunden zum Geburtstag gratulieren.[11] Social Bots können aber weder selbst Themen setzen noch halbwegs sinnvoll auf Fragen antworten. Zwar agieren sie interaktiv, handeln deswegen aber noch lange nicht intelligent. Sie verbreiten vorgegebene Inhalte, flankieren einflussreiche Twitter-Konten und unterstützen vollkommen willenlos Kampagnen. Sie sind die digitalen Jubelperser des 21. Jahrhunderts.

Und weil Social Bots allein nicht genügen, um ein Narrativ aufzubauen und zu verbreiten, benötigen Kampagnen zur Desinformation Premium-Accounts, um die sich die Bots scharen können und deren Inhalte sie retweeten. Dadurch generieren sie Reichweite und simulieren Relevanz. Wie das konkret funktionieren kann, zeigt ein Beispiel aus Baden-Württemberg. Keine Hinweise auf eine Fremdeinwirkung, keine Spuren, die auf eine Straftat schließen lassen: Das ist das eindeutige Ergebnis der Ermittlungen der Kriminalpolizei Reutlingen nach dem Fund einer Frauenleiche im Februar 2019. Die 51-Jährige sei erfroren, es handele sich um einen tragischen Unglücksfall, teilt die Polizei mit. Aus Rücksichtnahme auf die Angehörigen werde man keine weiteren Details herausgeben, sagt ein Sprecher der Polizei.

Obwohl die Sachlage klar ist, versuchen anonyme Personen in sozialen Medien das Ereignis zu instrumentalisieren. Und hier kommt das Twitter-Konto »Angela MehrKill« ins Spiel, es ist ein Beispiel für ein Premium-Account. Das Konto existiert seit dem 7. Februar 2019 und setzt in den folgenden drei Monaten fast 3000 Tweets und 7000 Likes ab. Meistens retweetet Angela MehrKill andere Seiten: Inhalte von Donald Trump, von rechten Medien und AfD-Politikern.[12] Thematischer Schwerpunkt: Kriminalität durch Migranten. Zu dem Fund der Frauenleiche in Baden-Württemberg twittert Angela MehrKill, es werde in alle Richtungen ermittelt, und ergänzt die Hashtags #MeToo, #120dB und #Merkel. Unter #MeToo berichten Frauen von ihren Erfahrungen, die sie mit Sexismus machen mussten, #120db steht für eine rechtsradikale Aktion, die einen Großteil von sexualisierter Gewalt ausblendet, nämlich die durch deutsche Täter, die dafür entsprechende Sexualdelikte von Flüchtlingen oder Ausländern zum Thema macht und diese generell überbetont. Mit dem Hashtag #Merkel will Angela MehrKill einen Zusammenhang zwischen dem Fund der Frauenleiche in Baden-Württemberg und der Politik der Bundesregierung suggerieren. Auch der Name soll implizieren, die Kanzlerin sei für Gewaltverbrechen verantwortlich.

Der erste Beitrag von Angela MehrKill ist am 7. Februar ein Retweet des Kontos »Blutkanzlerin AngelaMerkel«.[13] Die Konten ähneln sich thematisch sowie sprachlich stark und beziehen sich aufeinander. Der Verdacht liegt nahe, dass eine Einzelperson oder eine Gruppe diese beiden Konten verwaltet, um den jeweiligen Inhalten gegenseitig Relevanz und Reichweite durch Retweets zu verschaffen. Auffällig ist zudem, dass zu den wenigen Followern von Angela MehrKill mehrere anonyme Konten aus den USA gehören, die ebenfalls im Februar registriert wurden.

So beispielsweise ein Fake-Account eines hochrangigen US-Militärs sowie das automatisierte Konto Alt-Right Europe, von dem bereits die Rede war. Die Facebook-Präsenz von Alt-Right Europe wird von einem amerikanischen Rechtsradikalen verwaltet.

Ein anderer Account aus diesem rechten Netzwerk von anonymen Profilen nennt sich »Karina Z«.[14] Bei der Analyse von Netzwerken auf Twitter fallen immer wieder Konten auf, deren Inhaberinnen sich als junge Frauen ausgeben und die eine Schlüsselrolle einnehmen, um bestimmte Inhalte zu verbreiten. Sie twittern hyperaktiv und unterstützen die AfD. Karina Z hat seit der Registrierung im Juni 2018 bis April 2019 4500 Tweets veröffentlicht. Thematisch geht es um die »Irrenanstalt Deutschland«, Flüchtlinge und Hashtags wie »#grüneversenken«. Die Besitzerin des Kontos sei »Deutsche mit jüdischen Wurzeln und in der AfD«, steht in den Profilinformationen. Ihr Profilfoto ist offenkundig aus einem Katalog geklaut. Sie behauptet, in Zürich zu leben. Im Impressum gibt sie zunächst eine Schweizer Rechtsanwaltskanzlei als Kontakt an. Auf Nachfrage erklären die Rechtsanwälte, nichts mit dem Account zu tun zu haben. Man hätte schon mehrfach bei Twitter erfolglos den Missbrauch gemeldet. Mittlerweile steht auf dem Profil eine andere Information: Karina Z gibt als ihre Webseite die Adresse afd.de an.

Solche Profile mit Namen wie »Karina«, »Dora« oder »Emma« sind oft viele Stunden am Tag aktiv, antworten auf Anfragen und mischen sich gezielt in aktuelle Debatten ein. Sie posten Grafiken, verschiedene Screenshots und Bilder – oft zu verschiedenen Themen parallel. Besonders aktiv agieren solche Accounts, wenn auf Twitter politische TV-Talkshows in Echtzeit diskutiert werden.

Wer schon einmal in einer Social-Media-Redaktion gearbeitet hat, weiß: Das Erstellen von Grafiken, das Beantworten von Anfragen, das Beobachten von aktuellen Diskussionen ist alles andere als eine triviale Aufgabe, sondern erfordert Medienkompetenz, Zeit und Ressourcen. Welche Personen aber die erwähnten Profile pflegen, bleibt im Dunkeln. Diese präsentieren sich oft relativ gemäßigt in der Rhetorik und versuchen gezielt, Multiplikatoren in Diskussionen zu verwickeln. Sie sind sozusagen das freundliche Gegenstück zu den aggressiven Trollen von Reconquista Germanica. Die weiblichen Fake-Accounts versuchen als eine Art Scharnier zwischen rechtsradikaler Twitter-Gosse und etabliertem Journalismus zu wirken. Sie greifen Themen aus den rechten Filterblasen auf und transportieren sie in andere Milieus.

Das Profil »Emma Richter« ist ein gutes Beispiel für diese Strategie: Die vermeintliche Studentin aus Kiel hat sich rund 12 000 Follower ertwittert, darunter prominente Journalistinnen und Journalisten. Eine Analyse mit Foller.me zeigt: Von 100 Tweets beinhalteten 56 eine @-Erwähnung, das heißt, Emma Richter hat bestimmte Personen im Blick, etwa aus der Politik, aber auch von der *Bild*-Zeitung und anderer großer Medien.[15] ZEIT ONLINE bezeichnet das Konto als »hochdiskursiv«, erwähnt allerdings nicht, dass das Profilbild aus dem Netz geklaut und bearbeitet wurde und definitiv keine junge Frau aus Kiel zeigt.[16] Das Konto wird ganz offenkundig nicht von einer Studentin gepflegt, es sei denn, ihr Studieninhalt besteht darin, von morgens bis abends zu twittern. Auch das Profilfoto von »Marie« lässt sich im Netz an anderen Stellen finden, beispielsweise auf einem brasilianischen Blog. Marie hat seit Juni 2013 fast 12 000 Follower gesammelt, retweetet viele Politikerinnen und Politiker der AfD und rechte Blogger. Insgesamt setzte das Profil bis 2019 die erstaunliche Zahl von 210 000 Tweets ab.

Bei keinem dieser Profile handelt es sich um einen Social Bot. Dabei dürfte ihre Wirkung jedoch weit größer sein, da sie gezielt versuchen, Multiplikatoren anzusprechen und diese an Desinformation und gezielte Falschmeldungen heranzuführen. Oft werden Fakes veröffentlicht und nach einiger Zeit wieder gelöscht. So twittert beispielsweise das Konto »ExGruene« im März 2019 ein Foto, das angeblich einen islamistischen Angriff auf eine Kirche zeigen soll. Tatsächlich stammt das Bild aus dem Jahr 2013.[17] Mit solchen Tweets will ExGruene von dem rassistischen Anschlag auf zwei Moscheen in Christchurch in Neuseeland ablenken. Die hässliche Fratze der Fake News und Hetze soll durch Fake-Accounts, die sich als junge Frauen ausgeben, versteckt werden. Dies gilt vor allem bei Themen wie Kriminalität und Flüchtlinge. Bei »Männerthemen« wie Diesel-Pkw spielen andere Akteure eine entscheidende Rolle.

Diesel-Lüge und Weinanbau auf Grönland

Wenn wissenschaftliche Erkenntnisse nicht mehr zählen

»Alles Lüge mit dem Diesel-Feinstaub!« Ende Januar 2019 verkünden verschiedene große Medien, die gesamte internationale Forschung der vergangenen Jahrzehnte, sämtliche Erkenntnisse aus Dutzenden Studien und alle Berichte darüber seien falsch. Alles basiere auf einer Lüge.[1] Ein heftiger Vorwurf, der sich auf einem zweiseitigen Dokument begründet, das »mehr als 100 Lungenärzte« unterzeichnet hätten, wie es in den entsprechenden Berichten heißt.

Dass mehr als 3000 Kolleginnen und Kollegen in Deutschland nicht zu den Unterzeichnern gehörten, dass einer der Initiatoren des Aufrufs früher bei einem großen Autokonzern tätig war und danach weiter zum Komplex Dieselmotoren und Abgase forscht, wird in den Beiträgen nicht erwähnt. Auch dass die gut 100 Ärztinnen und Ärzte, die auf der Liste stehen, überhaupt keine wissenschaftlichen Analysen vorlegen können, die das Versagen der internationalen Forschung beweisen würden, spielt keine Rolle. Bundesverkehrsminister Andreas Scheuer greift die wissenschaftlich äußerst dünne Vorlage, die auch noch schwere Rechenfehler aufweist,[2] dennoch kurzerhand auf und kündigt an, sich bei der EU dafür einzusetzen, die aus seiner Sicht viel zu strengen Grenzwerte neu zu verhandeln.[3]

Viele Fachleute aus der Wissenschaft folgen der Diskussion über die Grenzwerte und die Luftverschmutzung mit wachsendem Entsetzen, sie dringen mit ihren Stellungnahmen und

Richtigstellungen zu dem von einigen Medien massiv unterstützten Papier aber kaum durch. Holger Wormer, Professor für Journalistik an der TU Dortmund, kritisiert die Berichterstattung: Die Ärztinnen und Ärzte um Dieter Köhler zur Stickoxid-Debatte zu zitieren sei in etwa so, als »würde man eine Bäckereifachverkäuferin zur globalen Entwicklung der Brotpreise befragen. Das ist keine Recherche. Das ist Weiterverbreiten von Unsinn.« Dafür brauche man keinen Journalismus.[4]

Das Deutsche Zentrum für Lungenforschung (DZL), eines der sechs Deutschen Zentren der Gesundheitsforschung, erklärt, man beobachte die Diskussion zum Gesundheitsrisiko von Luftschadstoffen mit großer Sorge. Dazu werden Fakten präsentiert, die zeigen sollen, dass Grenzwerte eben nicht einfach ausgewürfelt oder willkürlich festgelegt werden. Die internationale Forschung basiere keinesfalls auf Lügen: »Ausgewählte Experten der unterschiedlichsten Fachrichtungen bewerten in regelmäßigen Abständen den aktuellen Wissensstand in einem internationalen Gremium der Weltgesundheitsorganisation (WHO). Die von der WHO auf dieser Basis empfohlenen Richtwerte für die einzelnen Luftschadstoffe haben das Ziel, das Gesundheitsrisiko für die Bevölkerung so weit wie möglich zu minimieren. Die wissenschaftliche Kompetenz des an der WHO angesiedelten hochkarätig besetzten internationalen Bewertungsgremiums steht außer Frage«, betonen die Forscherinnen und Forscher und erklären noch einmal, dass das Aufkommen von Stickstoffdioxid ein Indikator für weitere Luftverschmutzungskomponenten darstelle. Zudem müsse ein Grenzwert insbesondere empfindliche Menschen – Kinder, ältere Menschen, Patienten mit Lungen- und Herzerkrankungen – berücksichtigen. Dem Zentrum für Lungenforschung liegen nach eigenen Angaben keinerlei belastbare neue Erkenntnisse vor, die dazu Anlass geben würden, den aktuell geltenden Richtwert nach oben zu korrigieren, so wie Verkehrsminister Scheuer es fordert.

Und dann kommen die Fachleute zu dem vielleicht entscheidenden Punkt, wenn sie feststellen, in der Stickoxiddiskussion erführen »wissenschaftspopulistische Aussagen eine rasante mediale Aufwertung«. Das »klassische« Reaktionsmuster der Wissenschaft bestünde darin, der Bevölkerung und all jenen, die Entscheidungen zu fällen haben, wohlüberlegte und ausgewogene Stellungnahmen in ausgesuchten Publikationsorganen anzubieten. Doch dieses Muster gerate angesichts aktueller Diskussionen vollkommen ins Hintertreffen.[5]

Populismus und Wissenschaft – ein Spannungsverhältnis, das vielen Forscherinnen und Forschern schon länger Kopfzerbrechen bereitet. Denn wissenschaftliche Erkenntnisse werden durch populistische Kräfte ohne jeden Gegenbeweis einfach weggewischt. Wobei es sich bei dem genannten Papier gar nicht um Wissenschaftspopulismus handelt, denn die Medizinerinnen und Mediziner um Dieter Köhler forschen gar nicht. Auch bei der Klimapolitik äußern sich auffällig oft fachfremde Personen und erklären, die internationale Forschung sei nicht ernst zu nehmen. Ähnliche Diskussionen sind bei den Themen Impfen oder auch Risiken durch Zigarettenrauch zu beobachten.

Der Präsident der Deutschen Forschungsgesellschaft, Peter Strohschneider, beklagt bereits 2017 Wissenschaftsfeindlichkeit und populistischen Anti-Intellektualismus. Seien es die Leugnung des menschengemachten Klimawandels oder Furcht vor dem Impfen: Wahn und Lüge, vulgärer Zynismus, nacktes Machtkalkül und unverantwortliche Simplifizierung würden auch gegenüber der Freiheit der Wissenschaft erneut ihre Geschichtsmächtigkeit beweisen. Strohschneider verweist auf »Maulkorberlasse« für die Forschung und Drohungen gegen liberale Universitäten in den USA. In Ungarn würde Ministerpräsident Viktor Orbán, »antisemitisch grundiert, eine Privatuniversität mitten in der Europäischen Union in die Schließung« treiben, »weil deren Stifter ihm missliebig scheint«. Als Strohschneider diese Worte spricht, ist die von der Soros-Stiftung finanzierte Universität noch in Budapest ansässig, doch zermürbt von Drohungen und durch gesetzliche Zwänge gefesselt, müssen die Verantwortlichen schon bald aufgeben. Die von der Soros-Stiftung finanzierte Uni zieht nach Berlin um.

Aber warum breiten sich populistische Konzepte auch in der Wissenschaft aus? Warum versuchen autoritäre Politiker wie Trump oder Orbán, die Wissenschaft auf Linie zu bringen? Populistische Vereinfachungen und autokratische Durchgriffsideologien verheißen, den Zumutungen der modernen Welt schadlos entkommen zu können, sagt Strohschneider. Deswegen würden die Kräfte dahinter den sachlichen Diskurs verächtlich machen und methodische Wahrheitssuche sowie die Begründungsbedürftigkeit von Geltungsansprüchen negieren. Was dann noch bleibe, seien »alternative Fakten«. In der Öffentlichkeit entstehe der Eindruck, es stünden sich zwei Meinungen gegenüber und man könne sich einfach aussuchen, welche »Wahrheit« am besten ins eigene Weltbild passe. Allerdings solle niemand dem Irrtum erliegen, Wissenschaft würde »die« Wahrheit liefern. Wissenschaft liefere viel mehr verschiedene Anhaltspunkte und methodisch verlässliches Wissen.

Zu jeder Debatte gehören unterschiedliche Perspektiven, Ansätze und Gewichtungen – nur sollten diese möglichst sachlich begründet und vernünftig nachvollziehbar sein. Durch Forschung gewonnene Evidenz kann und darf aber nicht Politik ersetzen, vielmehr stellt die Wissenschaft der Politik Erkenntnisse zur Verfügung, auf deren Basis sachlich-fundierte Entscheidungen getroffen werden. Die Annahme, es gebe eine eindeutige und unumstößliche wissenschaftliche Wahrheit, ist genauso falsch wie das populistische Konzept, wissenschaftliche Arbeit durch unbegründete und ideologisch motivierte Attacken und Zweifel zu verleumden. DFG-Präsident Strohschneider fordert daher, für die pluralistische Moderne und gegen vulgäre Forschungsfeinde zu streiten. Studierende, Wissenschaftlerinnen, Forscher dürften sich dabei »nicht als Instanz des Wahrheitsbesitzes verstehen, sondern als diejenige der rationalen, methodischen Suche nach Wahrheit«. Das Wissen stehe »unter Revisionsvorbehalt – allein dann ist ja an Erkenntnisfortschritte zu denken«. Außerdem sei eine Haltung offener Ehrlichkeit nötig, ebenso wie die Fähigkeit, von sich selbst Abstand nehmen zu können, »also die eigene Expertise nicht schon für das Ganze von Wissenschaft zu halten, die methodische Verlässlichkeit wissenschaftlichen Wissens nicht mit so etwas wie absoluter Gewissheit zu verwechseln«. Forschung solle gesellschaftliche und politische Diskurse informieren, könne aber nicht an ihre Stelle treten.[6]

Die Lungenärztinnen und Lungenärzte – und insbesondere ihr Wortführer Dieter Köhler – wählen einen anderen Ansatz: Sie drängen mit aller Macht in die Öffentlichkeit und betonen, derzeit »keine wissenschaftliche Begründung für die aktuellen Grenzwerte für Feinstaub und NO_x« zu sehen. Dazu fordern sie »eine Neubewertung der wissenschaftlichen Studien durch unabhängige Forscher«. Mit der Formulierung »unabhängige Forscher« wird suggeriert, die vorliegenden Studien seien nicht das Resultat freier Wissenschaft, sondern quasi ideologische Auftragsarbeiten.[7] Köhler geht bereits seit Längerem mit seinen Behauptungen hausieren, bemüht sich, sein Thema in der Öffentlichkeit zu platzieren, und schreibt E-Mails an Medien. Berichte über die gesundheitlichen Folgen der Luftschadstoffe bezeichnet er in seinen E-Mails laut *Süddeutscher Zeitung* als »Fake News«. Medien, die nicht über seine Berechnungen und Vergleiche berichten wollten, unterstellt er, das Thema »totschweigen« zu wollen, »wie die meisten«.[8]

Als Köhler dies im Jahr 2017 schreibt, versucht die AfD bereits mit dem Thema Grenzwerte und als Anwältin der Dieselfahrerinnen und -fahrer zu punkten. Parteichef Jörg Meuthen verlautbart auf Facebook, in Büros sei 23-mal mehr Stickstoffdioxid erlaubt als an Straßen.[9] Die AfD bezieht sich dabei unter anderem auf einen Artikel von FOCUS Online mit der Überschrift »Absurde Dieselpanik! Im Büro ist 20 Mal mehr Stickstoffdioxid erlaubt als auf der Straße«.[10] Doch in dem Beitrag geht es dann um »Arbeitsplatzgrenzwerte«, nicht um Büros. Tatsächlich liegt in der EU der Grenzwert für Stickstoffdioxid im Außenbereich bei 40 Mikrogramm pro Kubikmeter Luft – im Jahresdurchschnitt. Basis dafür sind Empfehlungen der Weltgesundheitsorganisation und die entsprechende Luftqualitätsrichtlinie der EU. Dabei geht es um die Allgemeinbevölkerung, besonders aber um »empfindliche Bevölkerungsgruppen«. Der Grenzwert soll daher Säuglinge, Kinder, Kranke, Schwangere oder alte Menschen schützen, die von einem solchen Schadstoff stärker als andere gefährdet werden könnten. Viel höher hingegen ist der Wert für bestimmte Arbeitsplätze, etwa beim Stahlkochen in der Schwerindustrie, in der Schweißerei, der Autowerkstatt oder der Tunnelbaustelle. Zu diesen Arbeitsplätzen gehören aber nicht Büros. Die »Arbeitsstättenregeln« besagen hierzu vielmehr, dass in umschlossenen Arbeitsräumen »gesundheitlich zuträgliche Atemluft in ausreichender Menge vorhanden sein« müsse. In der Regel entspreche dies der Außenluftqualität.[11]

Neben der AfD versucht im Bundestagswahlkampf auch FDP-Chef Christian Lindner mit den angeblich irrwitzigen Unterschieden bei den Grenzwerten für sich zu werben. Lindner behauptet sogar, wer im Büro arbeite, dürfe »dauerhaft sehr viel mehr Stickoxid einatmen, als auf der Straße für einen kurzen Moment erlaubt ist«.[12] Das ist aber nicht korrekt: Der Grenzwert von 40 Mikrogramm pro Kubikmeter dient bereits seit 2010 als Jahresmittelwert. Der zugelassene Einstundenmittelwert beträgt 200 Mikrogramm pro Kubikmeter. Dieser darf höchstens achtzehnmal im Jahr überschritten werden.[13]

Die Grenzwerte für bestimmte Arbeitsplätze und Außenluft tauchen im Wahlkampf 2017 immer wieder auf, obwohl Fachleute und Faktenchecker ebenso regelmäßig erläutern, warum der Vergleich falsch ist. Diverse Medien wiederholen die Falschbehauptung, ebenso führende Köpfe der AfD, der FDP-Chef Christian Lindner sowie der damalige bayerische Finanzminister Markus Söder. »Im Büro darf der Stickoxid-Wert um ein Vielfaches höher sein als auf den Straßen«, behauptet dieser in der *Welt am Sonntag* und trägt damit ebenfalls dazu bei, dass sich in der Öffentlichkeit der Eindruck etabliert, die Grenzwerte seien unwissenschaftlich, willkürlich, widersprüchlich oder alles gleichzeitig.[14]

Mittlerweile sind Begriffe wie »Diesel-Wahnsinn« längst gesetzt, Verschwörungstheorien kursieren, wonach eine grüne Medien-, Wissenschafts- und Politik-Lobby die deutsche Automobilindustrie zerschlagen wolle. Die Webseite Berliner Express behauptet von sich, Satire zu verbreiten – allerdings ist diese kaum zu erkennen und wird von vielen Leserinnen und Lesern offenkundig auch nicht als solche wahrgenommen. Dementsprechend verbreiten sich immer wieder erfundene Geschichten des Berliner Express als vermeintlich wahre Meldungen. So auch im November 2018, als die Seite meldet, die Grünen wollten sämtliche Diesel-Fahrzeuge in Deutschland ab 2020 verbieten. Fünf Jahre später sollten dann Benziner ebenfalls von den deutschen Straßen verbannt werden. Tatsächlich diskutieren Grüne darüber, ab 2025 keine Neuwagen mit Verbrennungsmotoren mehr zuzulassen. Dieses Ziel hat sich Norwegen gesetzt, auch andere Länder wollen ab 2030 neuen Pkw mit Verbrennungsmotoren nicht mehr die Zulassung erteilen. Was anderswo längst Regierungspolitik bürgerlicher Parteien ist, wird in Deutschland als Skandal bewertet. Viele Nutzerinnen und Nutzer glauben der erfundenen Meldung des Berliner Express nur zu gerne und lassen in den Kommentaren ihrer Wut freien Lauf: »So ist der Weg nach Untergang Deutschlands grün bemalt …«, schreibt etwa »Der schwarze Schnittlauch«. Und eine Geraldine S. Punty fragt: »Ist das eigentlich noch eine Partei? Welche Voraussetzungen charakterisieren eigentlich eine terroristische Vereinigung?«[15]

Bei der Diskussion über die Grenzwerte und Dieselabgase handelt es sich längst nicht mehr um einen Austausch sachlicher Argumente, sondern um eine ideologische Schlacht mit falschen Vergleichen, irreführenden Behauptungen bis hin zu glasklaren Falschmeldungen. Der Präsident der Deutschen Gesellschaft für Pneumologie (DGP), Klaus Rabe, kritisiert die von Mitgliedern seines Verbandes ausgelöste Debatte über Abgasgrenzwerte: »Ich finde es bemerkenswert, dass man ohne jede Art von Referenzierung und ohne neue Daten, so viele Zweifel säen kann, und damit viele Menschen verwirrt und verunsichert.« Für einen Menschen, der die wissenschaftliche Debatte nicht überblicke, sei »es kaum möglich zu unterscheiden, was wahr ist und was nicht. Das ist das Problem, wenn Populismus statt Wissenschaft die Debatten bestimmt.«[16] Und es ist nicht nur ein Problem, sondern vielmehr eine Strategie.

Die Debatte über die Grenzwerte ist nur ein Beispiel dafür, wie wissenschaftliche Erkenntnisse verächtlich gemacht, wie sie

Ziel von Falschmeldungen werden können und wie daraus eine Kampagne zu Desinformation entstehen kann. International noch weit verheerender verläuft der Kreuzzug gegen internationale Forschungsergebnisse zum Klimawandel. Die Diskussionen erhitzen viele Gemüter und haben teilweise religiöse Ausmaße angenommen.

Die Debatte dreht sich um drei Komplexe: Zunächst einmal wird die Frage aufgeworfen, ob es überhaupt einen Klimawandel gibt. Personen, die den Klimawandel leugnen, vertreten die Ansicht, entsprechende Daten, Erkenntnisse und Studien dazu seien erlogen, gefälscht und ideologisch motiviert. Sie sind die Hardliner in diesem Bereich. Im zweiten Komplex geht es um die Rolle des Menschen. Manche räumen zwar ein, dass es einen Klimawandel gibt, glauben aber nicht, dass er menschlich beeinflusst ist. Dieser Glaubensrichtung gehört Alexander Gauland von der AfD an. Es gebe den Klimawandel, sagt Gauland, aber: »Dass der Mensch dazu viel beitragen kann, glaube ich nicht.«[17] Auch Donald Trump sieht mittlerweile einen Klimawandel, zweifelt aber sämtliche Erkenntnisse an, wonach die Menschheit diesen ausgelöst haben könnte. »Ich bestreite den Klimawandel nicht«, sagt Trump in einem Interview des US-Senders *CBS*. Er könne aber »sehr wohl wieder zurückgehen«. Erkenntnisse aus der Wissenschaft, wonach die Menschheit für die globale Erderwärmung verantwortlich ist, stellt Trump noch immer infrage: »Ich weiß nicht, ob diese Analysen zutreffen.« Es gehe um einen Zeitraum von Millionen von Jahren. »Ich glaube daran, dass es einen Unterschied zu Jahren zuvor gibt, kann aber nicht sagen, ob der von Menschen verursacht wurde.«[18] Zuvor hatte Trump den Klimawandel mehrfach als »Hoax« bezeichnet, also als Falschmeldung oder Schwindel.[19] Der dritte Komplex bezieht sich auf Maßnahmen, die den Klimawandel verhindern oder zumindest verlangsamen sollen, beispielsweise eine Energie- und eine Verkehrswende. Dementsprechend steht auch die »Fridays for Future«-Bewegung mit ihren Schulstreiks für einen besseren Klimaschutz in der Kritik.

Im Sommer 2017 kündigt Donald Trump an, seine Regierung werde das Pariser Abkommen zum Klimaschutz aufkündigen. In Österreich lobt der damalige FPÖ-Chef Heinz-Christian Strache diesen Schritt. Das Abkommen sei eine Farce gewesen, erklärt er auf Facebook: »Die Erde erlebt seit ihrem Bestehen einen permanenten und natürlich verursachten Klimawandel. Von der Eiszeit zur Erderwärmung und retour, in unterschiedlichen Zyklen über Jahrtausende hinweg.«[20] Im ORF nennt Strache ein vermeintliches Beispiel für diese Schwankungen: »Grönland war einmal ein grünes Land, mit Weinanbau.«[21]

Wein aus Grönland, möglicherweise angebaut von Wikingern? Thors Vingau statt Müller-Thurgau? Das klingt eigentlich charmant. Wann genau es diesen Weinanbau gegeben haben soll, führt Strache allerdings nicht aus. Tatsächlich soll Grönland einmal weit grüner gewesen sein als heute. Diese Epoche liegt nach unterschiedlichen Berechnungen und Studien mindestens 100 000 Jahre zurück. Erst vor etwa 5 000 Jahren sind die ersten Inuit nach Grönland eingewandert, später folgten Nordmänner, die von dem milderen Klima profitierten, das um das Jahr 1000 dort herrschte. Allerdings war Grönland auch zu dieser Zeit keinesfalls eine rein grüne Insel, wie jene immer wieder behaupten, die nicht an einen menschlich gemachten Klimawandel glauben. Dass es damals auf Grönland tatsächlich warm genug gewesen sein soll, um Weinreben zu ziehen, ist höchst zweifelhaft. Der amerikanische Forscher Ray Weymann hat sich in einem Aufsatz ausführlich mit der Legende beschäftigt und sie entkräftet.[22] Auch dass Wikinger überhaupt Wein angebaut haben sollen, ist unbekannt. Wenn überhaupt, setzten sie auf ihren

Honigwein – besser bekannt als Met. Der dänische Geologe Svend Funder betont, die Siedler aus Skandinavien hätten an den Küsten Grönlands zwar Weiden für Kühe, Ziegen und Schafe gehabt. »An sehr günstigen Stellen konnten sie Getreide anbauen«, so Funder, »aber für Wein war es selbstverständlich zu kalt.« Auch der altnordische Name »Vinland«, den die Nordländer den Küsten Grönlands und Nordamerikas gaben, muss keineswegs Weinland bedeuten, sondern kann mit Wiesen- oder Weideland übersetzt werden.[23]

Wein auf Grönland – was zum Schmunzeln anmutet, hat einen ernsten Hintergrund: Denn das Infragestellen von wissenschaftlichen Erkenntnissen bleibt nicht ohne Folgen. In den USA stehen Menschen, die zum Klimawandel forschen, im Kreuzfeuer der Kritik. Die Union of Concerned Scientists dokumentiert Angriffe, die beispielsweise auf die Umweltbehörde EPA oder die Wetterbehörde NOAA unternommen werden. Die Attacken der Trump-Administration auf die Wissenschaft hätten so vielfältige Formen angenommen, dass die US-Regierung dadurch dem wissenschaftlichen Fortschritt und somit der Gesundheit und Sicherheit der Allgemeinheit schade. Die Trump-Administration schließe die wissenschaftliche Expertise von der Entscheidungsfindung aus. Insbesondere sei dies bei der Klimaforschung zu beobachten: Die Regierung habe die Klimawissenschaft wiederholt ignoriert oder unterdrückt, der Klimawandel werde in offiziellen Dokumenten nicht mehr erwähnt. Die Union of Concerned Scientists hat Hunderte Beschäftigte in den Behörden befragt, wie sich die skeptische Haltung der Trump-Regierung auf die wissenschaftliche Arbeit auswirkt. »Viele Wissenschaftler sagten uns, dass sie direkt angewiesen wurden, nicht an den klimarelevanten Themen zu arbeiten. Andere haben es nicht gemacht, weil sie Angst vor negativen Konsequenzen hatten.«[24]

Die Autorin Naomi Oreskes vertritt die These, die Feindlichkeit gegenüber wissenschaftlichen Erkenntnissen sei vor allem ökonomisch motiviert. Ein Zirkel konservativer Forscherinnen und Forscher habe systematisch Zweifel an Klimawandel und anderen Umweltgefahren gesät.[25] Laut Oreskes stamme die Strategie noch aus den Zeiten der Tabakindustrie. So sei 1953 ein sehr populärer Artikel erschienen mit wissenschaftlichen Belegen, dass Zigarettenrauch Krebs bei Laborratten auslöst. »Die Tabakfirmen dachten, das ist das Ende der Industrie, und beauftragten die PR-Agentur Hill & Knowlton. Deren Chef gab einen folgenreichen Rat: Ihr müsst die Wissenschaft mit Wissenschaft bekämpfen und den Amerikanern einreden, dass die Frage in der Forschung nicht entschieden ist. Dieser Strategie folgen Unternehmen seit 60 Jahren.« Die Stärke der Wissenschaft, nämlich die eigenen Ergebnisse skeptisch zu hinterfragen, sei durch die Tabakfirmen in eine Schwäche verwandelt worden. Es sei ihnen gelungen, gezielt Dissens vorzutäuschen und damit die Durchschlagkraft der wissenschaftlichen Erkenntnisse zu schwächen. Beim Thema Klimawandel habe die Industrie ebenfalls solche Desinformationskampagnen finanziert.

Bereits bei den Abwehrkämpfen gegen die Erkenntnisse zur Schädlichkeit des Rauchens hätten sich laut Oreskes verschiedene Motive miteinander vermischt: ein radikaler Freiheitsbegriff, Marktliberalismus sowie Angst vor Eingriffen durch die Regierung. Jede Intervention in den Markt sei als ein Vorbote für eine kommunistische Diktatur gewertet worden.[26] Ein Denkmuster, das bis heute fortlebt: »Freie Fahrt für freie Bürger« lautet in Deutschland die wohl bekannteste Parole. Bei Themen wie Tempolimit oder Nichtraucherschutz erwecken manche Kommentare den Eindruck, solche Maßnahmen seien die bedrohlichen Vorzeichen einer kommunistischen oder gleich nationalsozialistischfaschistischen Diktatur. Dabei ist kein Vergleich zu abwegig. So veröffentlicht das *Compact*-Magazin im März 2019 ein Titelbild, in dem ein deutscher Reichsadler nicht auf einem Hakenkreuz, sondern auf das Logo der Grünen montiert ist. Die Schlagzeile dazu: »Kein Volk. Kein Recht. Kein Diesel.«[27]

Autoritäre Strömungen und Regierungen machen der Wissenschaft also nicht nur in den USA, sondern auch in Europa das Leben schwer. Die ungarische Regierung unter Viktor Orbán – von Orbáns Verhältnis zur Wissenschaft war bereits die Rede – greift in die Freiheit der Forschung ein, schließt den Studiengang Gender Studies und versucht mit allen Mitteln, die renommierte Central European University aus Budapest zu vergraulen.[28] Otmar Wiestler, Präsident der Helmholtz-Gemeinschaft, weist auf beunruhigende Veränderungen in der Wissenschaftsfreiheit und bei der Wissenschaftsförderung in den USA, in Russland, Polen oder der Türkei hin. In der Türkei müssten Wissenschaftlerinnen und Wissenschaftler befürchten, dass sie keine Unterstützung mehr bekämen, dass ihre Reisetätigkeit eingeschränkt, dass sie entlassen oder im schlimmsten Fall sogar verhaftet würden, sollten sie sich nicht regimekonform verhalten oder verdächtigt werden, gegen die Regierung zu opponieren.[29]

Mit der Wissenschaftsfeindlichkeit geht eine Abwehrhaltung gegenüber Expertinnen und Experten einher, die als Klugschwätzer oder realitätsferne Träumer diskreditiert werden. Der britische Justizstaatssekretär Michael Gove kommentiert im Juni 2016 die Frage, was er zu den Warnungen von vielen Wirtschaftsfachleuten vor dem Brexit sage, mit der Gegenfrage: »Was sagen Sie dazu, dass der weit überwiegende Teil der britischen Gesellschaft von Experten die Nase gestrichen voll hat?«[30] Fachleute, die einen Brexit für ökonomisch sinnvoll halten, kann Gove in dem Gespräch nicht nennen. So normalisieren populistische Politiker Wissenschaftsfeindlichkeit und argumentieren völlig ungeniert ohne sachliche Basis. Kaum jemand zählt noch die Lügen und Unwahrheiten, die Donald Trump geäußert hat, und kaum jemanden kümmert es noch, dass das Wort des mächtigsten Mannes der Welt allzu häufig nicht ernst zu nehmen ist.

Der Schweizer Historiker Caspar Hirschi hat sich mit dem Einfluss von Expertinnen und Experten auf die Politik beschäftigt. Er betont, die moderne Gesellschaft sei angewiesen auf Sachverständige: »Man kann heute so wenig gegen Experten sein, wie man gegen Verkehr, Geld oder Steuern sein kann. Ohne Experten würden nicht nur die Institutionen des demokratischen Rechtsstaates lahmgelegt, das gesellschaftliche Leben als Ganzes würde über kurz oder lang zusammenbrechen. Das wissen sogar jene Politiker, die Stimmung machen gegen Experten, um sich mit dem sogenannten Volk gegen die sogenannten Eliten zu verbrüdern. Sobald eine Entscheidung von gewisser Komplexität ansteht, greifen auch Populisten auf den Rat von Experten zurück. Nur tun sie es diskreter.« So habe Trump Fachleute im Wahlkampf als schrecklich bezeichnet, aber als es nach der Wahl an die Ausgestaltung seiner Steuerreform ging, nahm er selbstverständlich ihren Rat in Anspruch. Ähnlich ging der bereits erwähnte Brexit-Befürworter Gove vor: Als die britische Regierung nach der Abstimmung Heerscharen von Sachverständigen für die Austrittsverhandlungen mit der EU beizog, hatte Gove dagegen natürlich nichts einzuwenden.

Historiker Hirschi folgert daraus: Populismus bedeutet nicht, dass die Politik auf Expertinnen und Experten verzichtet, sondern dass sie die Inszenierung mit ihnen vermeidet. Stattdessen werde eine Darbietung der starken souveränen Führungsfigur geboten, verpflichtet allein der Stimme des Volkes, die gewissermaßen aus ihrem Bauch heraus zu den Menschen spreche.

Hirschi meint, Fachleute seien in der modernen Wissensgesellschaft zu einer Konkurrenz für die Politik geworden: »Dass Experten eine derart beliebte Zielscheibe von Populisten werden konnten, war nur möglich, weil sie zuvor von Politikern staatstragender Parteien zu Garanten einer neuen, wissensbasierten Politik hochstilisiert worden waren. Was der Ritter für die Feudalgesellschaft, der Entdecker für die Kolonialgesellschaft und der Fabrikant für die Industriegesellschaft war, sollte der Experte für die Wissensgesellschaft sein: Vorreiter eines neuen, hochgebildeten Menschenschlags, der dank seiner Kompetenz in der Politik den Konsens herbeiführt und in der Wirtschaft die Effizienz erhöht. Experten haben dadurch ein symbolisches Gewicht erhalten, das zuerst zu einer repräsentativen Last und dann zu einem Reputationsrisiko geworden ist.«[31]

In einer Welt, die sich durch und durch rational und vernünftig gibt – sinnbildlich verkörpert in der Figur der Expertin oder des Experten –, kann die Attraktivität des Irrationalen genutzt werden, um mit einer Gegenbewegung zu reagieren. Das Beispiel Umweltschutz verdeutlicht diese Dynamik: Rein von der Vernunft her sprechen viele gute Argumente dafür, kein Fleisch zu essen, kein Auto zu fahren, nicht zu rauchen und zu trinken – und so weiter und so fort. Doch eine Gesellschaft, in der solche Kosten-Nutzen-Rechnungen und Verwertungs- sowie Effizienzlogiken allein bestimmend wären, hätte einen totalitären und unfreien Charakter.[32] Rechte Bewegungen nutzen die Angst vor einer solchen Entwicklung und zeichnen das Schreckensbild einer Gesellschaft der Bevormundung und des Verzichts. Allerdings muss man schon zu gezielten Falschmeldungen und maßlosen Übertreibungen greifen, um behaupten zu können, dass in Deutschland eine solche Öko-Diktatur existiere.

Dass es allerdings auch linke Umweltschützer nicht immer

ganz ernst mit der wissenschaftlichen Genauigkeit nehmen und ebenfalls in der Lage sind, Unsinn zu verbreiten, zeigt sich beispielsweise in den Diskussionen um den Hambacher Forst. Dieses Waldstück war vor wenigen Jahren wohl nur den Menschen in Nordrhein-Westfalen ein Begriff, mittlerweile hat es sich allgemein zum Symbol für die Widersprüche zwischen Tagebau und Umweltschutz, Kohleenergie und Klimaschutz, ökonomischen Interessen und moralischen Fragen entwickelt. In den Wochen, bevor im Herbst 2018 eigentlich mit der Rodung begonnen werden soll, ist die Stimmung besonders aufgeheizt – wer da mit nüchternen Fakten kommt, hat einen schweren Stand. So ist von linker Seite öfter die Behauptung zu vernehmen, der Hambacher Wald oder Forst sei der letzte große Mischwald Mitteleuropas. Auf Facebook teilen im September 2018 rund 50 000 Nutzer ein Foto von dem Wald mit dem Text: »Teile dieses Bild, wenn du es für ein Verbrechen hältst, dass dieser Wald für den Kohleabbau weichen soll!« In vier Wochen solle »der letzte große Mischwald Europas« gerodet werden.[33] Diese Aussage ist schlicht falsch. Ein Großteil des Waldes in Europa besteht aus Mischwald. Und allein in Deutschland gibt es der jüngsten Bundeswaldinventur zufolge genau 11 419 124 Hektar Wald – er bedeckt damit rund ein Drittel der Fläche der Bundesrepublik.[34] Die deutsche Waldfläche ist zwischen 2002 und 2012 sogar um fast 50 000 Hektar gewachsen. Zum Vergleich: Der Hambacher Wald bedeckt gerade einmal wenige Hundert Hektar.

Der Mythos deutscher Wald wird also ausgerechnet von links befeuert: »Aber wo ist denn unser Heimatminister, wenn ein 12 000 Jahre alter Wald fallen soll? Was sind das für Konservative, denen die Rodung des letzten Altwaldes auf deutschem Boden gleichgültig ist?«, fragt Sahra Wagenknecht von der Linken. Auf Facebook teilen mehr als 25 000 Menschen ein entsprechendes Posting von Wagenknecht.[35] Ihre Parteigenossin Katja Kipping schreibt auf Twitter, die Bäume im Hambacher Forst seien 12 000 Jahre alt,[36] was einer Sensation gleichkäme, denn selbst besonders große Bäume Mitteleuropas haben nur ein Alter zwischen 300 und 600 Jahren. Auch sogenannte tausendjährige Eichen oder Linden sind zumeist nicht so alt, wie es die Bezeichnung nahelegt. Tatsächlich sollen vor 12 000 Jahren, nämlich nach der letzten Eiszeit in Mitteleuropa, die ersten Bäume auf dem Gebiet des Hambacher Waldes gewachsen sein – das bedeutet aber keineswegs, dass die Bäume in dem Gebiet auch nur ansatzweise so alt sind.

Die Kraft der Vernunft kann eine mächtige Konkurrenz für Politikerinnen und Politiker sein, gleich aus welchem politischen Lager sie kommen. Doch natürlich gibt es zahlreiche Abstufungen und große Unterschiede, wenn es darum geht, die eigene Politik an den Fakten zu orientieren und mit der Wirklichkeit in Verbindung zu bringen. Nicht jede und jeder in politischer Verantwortung bläst gleich zum Sturm auf die Wissenschaft. Es sind insbesondere solche, die sich selbst als starke Führungsfiguren inszenieren. In erster Linie sind sie es, die Rationalität mit Irrationalität zu bekämpfen versuchen.

Anschläge und Katastrophen

Wettlauf gegen die Desinformation

Renovierungsarbeiten oder Anschlag? Das Blog PI-News hat die Antwort parat: »Fanal zum Untergang des Abendlandes«, lautet der Titel des entsprechenden Eintrags.[1] »Viel wird nicht übrig bleiben von Notre Dame. Der Kollaps unter den Flammen steht symbolisch für Frankreich und das ganze Abendland. Ein weiterer Schritt Richtung Eurabia«, twittert der rechte Publizist David Berger.[2] Die AfD verkündete auf Facebook: »Würde wohl niemanden verwundern, wenn es ein Anschlag mit islamistischen Hintergrund wäre.« Doch noch wisse man nichts Genaues, »aber ob man auch wirklich die Wahrheit später preisgibt?«, heißt es in verschwörerischem Ton. »Die Attacken auf christliche Hoheitsabzeichen werden in den nächsten Jahren massiv zunehmen, und wir alle wissen warum!«, schließt die AfD ihren Facebook-Eintrag – und versieht ihn noch mit den Schlagworten »NoIslam«, »Deutschland« und »Patriotismus«.[3]

Die Kathedrale von Notre-Dame steht an diesem Abend im April 2019 lichterloh in Flammen und auch in den sozialen Netzwerken steigt die Temperatur steil an. Doch während die Feuerwehrleute den Brand nach und nach unter Kontrolle bringen, entgleitet die Situation im Netz komplett: Von Anfang an besteht der Verdacht, dass das Feuer im hölzernen Dachstuhl durch die Bauarbeiten ausgelöst wurde. Und obwohl sich dieser Verdacht nach und nach erhärtet und auch so gut wie nichts auf einen Anschlag deutet, wird im Netz gezielt die Stimmung angeheizt. Der Blogger David Berger will die Hinweise auf die Bauarbeiten nicht gelten lassen, denn auch am Kölner Dom werde ständig renoviert. Nur: Der Kölner Dom hat eine Dachkonstruktion aus Stahl, in Notre-Dame ist sie aus Holz. Ein nicht ganz unwichtiges Detail.

Während viele Menschen gebannt nach Paris schauen und hoffen, dass das historische Bauwerk nicht ganz von den Flammen vernichtet wird, wird im Netz bereits die giftige Suppe aus unbelegten Zweifeln und zielgerichteter Zwietracht gekocht. Wenn viele Menschen trauern oder verunsichert sind, ist die beste Zeit, um zuzuschlagen. Je weniger gesicherte Informationen bekannt sind, umso besser: Der Raum lässt sich für Anschuldigungen, Gerüchte und Verleumdungen nutzen.

Viele Menschen im Nachrichtenjournalismus mögen solche Breaking-News-Situation, was sicherlich etwas makaber klingt. Was sie antreibt, ist jedoch nicht Freude über die Zerstörung, auch nicht Sensationsgier oder Voyeurismus (das Sichten von Bildmaterial nach Anschlägen und Katastrophen ist eine der schwierigsten Aufgaben überhaupt, eine professionelle Distanz ist dafür Voraussetzung). Es geht hier vielmehr um die Herausforderung, in einer außergewöhnlichen »Lage« zu »funktionieren«, das heißt, unter großem Druck korrekt und verantwortungsbewusst zu berichten. In einer solchen Situation schlägt der Puls schneller, im Newsroom bricht kontrollierte Hektik aus. Die von der jeweiligen Redaktion abonnierten Nachrichtenagenturen wie dpa, Reuters oder AFP setzen die ersten Meldungen mit dem Zusatz »Eil!« und der Priorität 1 ab. Um den Redaktionen die Einordnung der jeweiligen Meldung zu erleichtern, stufen die Agenturen die Relevanz ein, von »sehr wichtig« oder »Eilmeldung« bis hin zu »bunter« Meldung, also beispielsweise Geschichten für den Boulevard, die für Nachrichtenredaktionen eher irrelevant sind.[4]

Zu Beginn einer Breaking-News-Situation können Nachrichtenagenturen oder lokale Medien lediglich rudimentäre Informationen an die Redaktionen liefern. Dann beginnt ein Wettrennen gegen die Zeit, gegen die Ungewissheit, gegen die Konkurrenz – und gegen die Desinformation in den sozialen Netzwerken. Es dauert zumeist nur wenige Minuten, bis nach den ersten Eilmeldungen die ersten Gerüchte in die Welt gesetzt werden und dadurch der Nachrichtenstrom noch unübersichtlicher und vor allem bedrohlicher wirkt. Das schafft exakt die Voraussetzungen, die Urheberinnen und Urheber von gezielten Falschmeldungen, Desinformation und Gerüchten brauchen, um mit minimalem Einsatz einen maximalen Effekt zu erzielen: Denn Unübersichtlichkeit erzeugt Verunsicherung. Aus Trauer und Entsetzen entsteht Angst, die in Wut und Schuldzuweisungen münden kann. Aus journalistischen Ungenauigkeiten und Spekulationen lassen sich Verschwörungstheorien spinnen. Und Fake News können in angespannten Situationen Hysterie und Panik auslösen.

Breaking-News-Events sind deshalb oft die Stunde der Scharfmacherei. So ist es beispielsweise auch am Morgen des 7. April 2018: »Tote und Verletzte in Münster – Auto fährt in Menschengruppe« melden verschiedene Nachrichtenseiten im Netz und verschicken Eilmeldungen über Twitter und andere Kanäle. Während die Redaktionen noch um angemessene und präzise Formulierungen in ihren ersten Meldungen ringen, sind für die AfD-Politikerin Beatrix von Storch die Ereignisse in Münster bereits klar. Sie verkündet auf Twitter: »Wir schaffen das!«, dazu einen wütenden Emoji, also ein Piktogramm, mit denen Nutzer in Chats oder Textnachrichten ihre Emotionen ausdrücken.[5] »Wir schaffen das!« – diesen Satz sagte Kanzlerin Angela Merkel im Kontext des Andrangs von Hunderttausenden Menschen nach Deutschland, eine Aussage, die ihr später immer wieder vorgehalten wird. Immer wenn ein Flüchtling im Zusammenhang mit einer Straftat auftaucht, kann man sicher sein, dass das Merkel-Zitat als Hinweis auf eine vermeintlich komplett gescheiterte Flüchtlingspolitik auftaucht. Seht her, hier ist der Beweis, Merkel hatte unrecht, so lautet die Botschaft.

Im Fall Münster gibt es – genau wie in Paris und anderen Fällen – allerdings überhaupt keine Hinweise auf eine Täterschaft mit muslimischem Hintergrund. Es liegen zu dem Zeitpunkt des Tweets der AfD-Politikerin von Storch überhaupt noch keine näheren Informationen hierzu vor. Die Nachrichtenagenturen, Fernsehsender und Radiostationen setzen ihre Maschinerie in Gang und schicken Reporterinnen und Reporter nach Münster, um von dort zu berichten, mit Augenzeugen zu sprechen, um exklusive Informationen von der Polizei bekommen. Das braucht Zeit – und genau diese Zeit müsste das Publikum den Medien auch einräumen, wenn diese eine vernünftige, sachliche und fundierte Berichterstattung leisten sollen.

Zwei Tage nach der Auto-Attacke von Münster liegen weiterhin keine Hinweise auf einen islamistischen Hintergrund vor, doch im Netz blühen immer neue Spekulationen. So twittert der AfD-Politiker André Poggenburg, es gebe Berichte, der Täter sei zum Islam konvertiert. Dies würden die deutschen Medien verschweigen.[6] Quellen für seine Behauptungen lieferte Poggenburg nicht. Auch rechte Blogger arbeiten gerne nach dieser Methode, eine Art selbsterfüllende Prophezeiung: Sie verweisen auf Gerüchte im Netz und befeuern diese dadurch erst. Nach dem Vorfall in Münster berufen sich verschiedene rechtsradikale Blogs auf dubiose Quellen, geglaubt wird den Berichten, die in das eigene Narrativ passen. So verweisen sie auf einen rumänischen TV-Sender: Der habe berichtet, der Täter sei deutscher Staatsbürger mit kurdischen Wurzeln. Und tatsächlich hatte der

Nachrichtensender B1 aus Bukarest dies auf Rumänisch ohne Angaben einer Quelle gemeldet. Hier könnte man sich natürlich fragen: Wie wahrscheinlich ist es, dass ein TV-Sender auf dem Balkan bessere Quellen aus Westfalen hat als die zahlreichen Journalistinnen und Journalisten vor Ort? Es gibt es nur eine Antwort: Das ist praktisch ausgeschlossen. Dagegen spricht auch, dass B1 in der folgenden Berichterstattung seine Behauptung nicht mehr wiederholt. Wahrscheinlich handelte es sich schlicht um einen Übersetzungsfehler oder ein Missverständnis.

Doch im Netz geht das Kesseltreiben weiter: Als weiterer vermeintlicher Beweis dafür, dass der Täter ein Muslim oder Kurde sei, wird ein Screenshot des Berichts eines Nachrichtensenders aus Österreich weitergereicht. Darauf ist ein Ausschnitt vom Livestream auf Oe24.tv zu sehen, dazu eine Texttafel mit der Schlagzeile: »Münster: Auto rast in Menschenmenge – mehrere Tote«. Der Mann, der dort gezeigt wird, soll der Täter von Münster sein, wird auf Twitter behauptet. Bei diesem Beispiel handelt es sich um eine bewusst irreführende Darstellung – um Fake News. Denn um 18.04 Uhr, als der Screenshot angefertigt wird, gibt es noch keine Informationen zur Urheberschaft, geschweige denn ein Foto. In der Schlagzeile dazu wird auch gar nicht behauptet, es handele sich bei dem Mann um den Täter. Schließlich wird man auch bei Oe24.tv auf den missbräuchlichen Screenshot aufmerksam. Der Sender betont in einer Erklärung, der Mann sei nicht der Attentäter von Münster, sondern vielmehr ein Münsteraner, der dem Fernsehsender Auskunft über die Stadt gegeben habe: »Auf dem Bild ist DEFINITV NICHT der Täter von Münster zu sehen – das wurde von oe24.TV auch zu keinem Zeitpunkt behauptet. Der Screenshot von oe24.TV wurde also bewusst aus dem Zusammenhang gerissen und auf Social Media für eine Falschmeldung missbraucht.«[7]

Ein Fehler unterläuft bei der Berichterstattung zu Münster mehreren großen Boulevardmedien aus dem Ausland – darunter *The Sun*, *Daily Mirror* und *New York Post*. Sie behaupten, der Name des Täters laute »Jens R. Handeln« oder nur »Jens Handeln«. Doch offenkundig geht der Name auf einen Übersetzungsfehler zurück: Deutsche Medien hatten nämlich zuvor berichtet, bei dem Täter »soll es sich um Jens R. handeln«. Aus dem abgekürzten Nachnamen »R.« wurde ein zweiter Vorname, das Verb »handeln« als Nachname missverstanden – schlechte Recherche und ein Musterbeispiel für den sogenannten Poor Journalism.[8]

Die Polizei in Münster versucht unterdessen, die vielen Gerüchte und Falschmeldungen einzufangen, erklärt auf Twitter, man könne nichts davon bestätigen.[9] Weder sei ein Foto eines Tatverdächtigen veröffentlicht worden, noch gebe es Zweifel an der Identität jenes Mannes, der mutmaßlich der Täter sei, ebenjener Jens R., ein 48-jähriger Deutscher, der unter psychischen Problemen gelitten haben soll. Es existierten keine Hinweise, dass es sich um einen zum Islam konvertierten Kurden gehandelt habe. Die Polizei appelliert immer wieder, keine Spekulationen zu verbreiten – vergeblich.

Noch unübersichtlicher werden kritische Situationen wie in Münster durch falsche oder bewusst falsch interpretierte Bekennerschreiben, die den Verdacht auf eine bestimmte Gruppe lenken sollen. Dies ist zum Beispiel nach dem Anschlag von Christchurch im März 2019 zu beobachten, als ein fanatischer Rechtsextremist in zwei Moscheen ein Blutbad anrichtet, seine Tat live im Internet überträgt und dazu noch eine Art Manifest veröffentlicht, in dem er seitenlang die Verschwörungstheorien von einem geplanten »Bevölkerungsaustausch« referiert und durch krude Thesen rechtfertigt, Muslime und auch deren Kinder ermorden zu müssen. Das Dokument trägt den Titel »The great replacement« – der große Austausch. Das ist eine zentrale Parole der rechtsextremen Identitären Bewegung in Europa, auf die sich der Terrorist bezieht.

An einer Stelle seines mehr als 70-seitigen Manifests erwähnt der Attentäter den Begriff Klimaschutz. Ein Berliner AfD-Abgeordneter will daher Klimaschutzaktivisten für den Anschlag mitverantwortlich machen: »Der Täter von #Christchurch #Neuseeland rechtfertigt seine Tat mit Überbevölkerung und Klimaschutz. Die Klimapanikverbreiter tragen Mitverantwortung für diese Entwicklung. #gretathunberg«[10] Ein Anschlag für den Klimaschutz? Öko-Terrorismus? Grüner Amoklauf? Keineswegs: Der Attentäter von Christchurch erwähnt den Klimaschutz zwar einmal, aber nicht als Anliegen, um der Menschheit insgesamt zu helfen, sondern als vermeintliche Legitimation, um Menschen zu ermorden. So schreibt er in seinem Manifest, Immigration und Klimaschutz seien ein und dasselbe Thema, die Umwelt werde durch Überbevölkerung zerstört – und da nicht »wir Europäer« (der Attentäter ist Australier) die Welt überbevölkerten, müssten die »Invasoren« getötet werden. Der Begriff »Invasoren« wird in rechtsextremen Kreisen als Synonym für Einwanderer oder Flüchtlinge benutzt.

Dieser als Klimaschutz getarnte mörderische Rassismus hat mit Greta Thunberg und den Streiks junger Menschen für mehr Klimaschutz nicht im Geringsten etwas zu tun, dennoch wird versucht, von dem eindeutig rechtsextremen Motiv abzulenken und die Tat dem politischen Gegner anzuhängen, mutmaßlich auch, um von der eigenen ideologischen Nähe zu den Thesen des Terroristen abzulenken. Ein AfD-Kreisverband sowie die Seite PI-News gehen noch einen Schritt weiter und schreiben gleich von einem »linksextremen Täter«.[11]

Bei PI-News handelt es sich um eine Seite, die in der Vergangenheit mehrfach falsche Bekennerschreiben zitiert hat. Diese waren im Netz aufgetaucht, beispielsweise auf Indymedia, einem linksradikalen Portal, auf dem jede und jeder ohne Registrierung Inhalte veröffentlichen kann. Linksradikale Gruppen nutzen das Netzwerk, um Kampagnen zur Mobilisierung zu koordinieren oder Positionspapiere und Bekennerschreiben zu verbreiten. Die Authentizität der jeweiligen Inhalte lässt sich nicht eindeutig verifizieren, da das Konzept der Seite darin besteht, anonyme Veröffentlichungen zu ermöglichen.

Im Jahr 2016 wird auf Indymedia eine angebliche Antifa-Erklärung verbreitet, die den Anschlag auf eine Moschee in Dresden für sich reklamiert.[12] Diese Erklärung wird umgehend auf rechtsradikalen Blogs aufgegriffen und rasend schnell verbreitet. Die beschuldigte linke Gruppe dementiert die Urheberschaft zwar zeitnah, dennoch sorgt das Schreiben sogar international für Schlagzeilen. Später stellt sich heraus, dass der Anschlag von einem Pegida-Anhänger verübt worden war. Er wird zu einer mehrjährigen Haftstrafe verurteilt.[13]

Im Jahr 2017 taucht ebenfalls auf Indymedia ein angebliches Antifa-Schreiben zum Anschlag auf den Mannschaftsbus von Borussia Dortmund auf. Auch in diesem Fall greifen rechtsradikale Blogs das Bekennerschreiben umgehend auf. Die dpa gibt dazu sogar eine Eilmeldung heraus:

> (Eil) Ermittler prüfen zweites Bekennerschreiben – Aus Antifaschisten-Szene – Im Zusammenhang mit den drei Explosionen in der Nähe des Dortmunder Mannschaftsbusses prüfen die Ermittler die Authentizität eines zweiten Bekennerschreibens, das möglicherweise aus der antifaschistischen Szene kommt. Nach Informationen der Deutschen Presse-Agentur vom Mittwoch wird in dem am späten Dienstagabend im Internet verbreiteten Schreiben in

Antifa-Duktus erklärt, der Bus sei mit eigenes für den Anschlag angefertigten Sprengsätzen als »Symbol für die Politik des BVB« attackiert worden, die sich nicht genügend gegen Rassisten, Nazis und Rechtspopulisten einsetze.[14]

Wieder Indymedia, wieder ein Ziel, das für militante Linksradikale sehr unüblich erscheint – und wieder eine riesige mediale Aufmerksamkeit. Dass das Schreiben von den Ermittlungsbehörden geprüft wird, reicht eigentlich kaum für eine Nachricht, denn das gehört zu deren Standardaufgaben. Viel interessanter wäre es zu erfahren, wie es um die Authentizität steht. Denn die eigentliche Meldung bestand am Ende darin, dass sich auch dieses Schreiben als Fake herausstellt, genau wie ein weiteres angebliches Bekennerschreiben, das auf eine islamistische Tat hindeuten sollte. Tatsächlich handelt es sich bei dem Täter von Dortmund um einen Erpresser.

Gefälschte Bekennerschreiben oder sogar manipulierte Fotos, um die Gegenseite zu diskreditieren, sind auch in den USA ein weit verbreitetes Phänomen. So kursieren im Oktober 2017 Berichte, der Attentäter von Las Vegas sei ein antifaschistischer Aktivist – ein Gerücht, das sich auf keine belastbaren Indizien stützt und sich auch nicht bestätigt.[15] Ebenfalls behaupten Fake-News-Seiten, der Mann, der 58 Menschen erschossen hat, sei politisch links eingestellt und Mitglied der Demokraten. Als die Faktenchecker die Falschmeldungen widerlegen, haben diese es bereits bis an die Spitze der Google-Suchergebnisse geschafft.[16]

Falschmeldungen, Fake-Bekennerschreiben und Spekulationen können insbesondere in unübersichtlichen Situationen dramatische Folgen haben. Sie erschweren die Suche nach zuverlässigen Informationen und tragen dazu bei, Emotionen zu schüren. So heißt es zwischenzeitlich im Fall des Attentats in Las Vegas, es gebe einen zweiten Schützen. In Münster verbreiteten sich Gerüchte über einen Sprengsatz in einem Lieferwagen, zudem seien Terroristen in der Stadt unterwegs – Falschmeldungen, die das Potenzial haben, eine Panik auszulösen.

Aus der Psychologie wissen wir, dass Menschen in schwer durchschaubaren Situationen vor allem nach Orientierung, Gewissheit und Erklärung für das Geschehene suchen. Vor diesem Hintergrund sieht die Psychologin Catarina Katzer gleich mehrere Herausforderungen. Im Interview mit dem ARD-Faktenfinder sagt sie: »Wir bewegen uns auf ganz vielen digitalen Ebenen, wie WhatsApp, Facebook, Google, Nachrichtenseiten. Da laufen unglaublich viele Dinge parallel. Wir sind so einer digitalen kognitiven Überlastung ausgesetzt.« All das spiele eine große Rolle dabei, wie Menschen Informationen aufnehmen und ihre Umgebung wahrnehmen. Weil wir versuchen würden, Dissonanzen zu vermeiden, »werden wir für Manipulationseffekte immens anfällig. Wenn wir Dinge im Netz finden, suchen wir immer bekannte kognitive Strukturen oder lassen uns von diesen lenken. Zum Beispiel durch Erfahrungen, die wir schon gemacht haben oder durch Sichtweisen, die wir uns vorher selbst gebildet haben. Inhalte, die uns selbst geläufig sind, picken wir sozusagen heraus.« Dies werde Bestätigungsfehler genannt, erklärt die Psychologin: »Wenn die Strukturen dann mit Lügen vermischt sind, also Wahrheiten mit Lügen vermischt sind, dann fällt uns das gar nicht so auf.« Und dann passe eben auch eine Falschmeldung, gerade wenn sie in einer undurchsichtigen Lage auftaucht, wunderbar in die vorgefertigten Sichtweisen hinein. Hinzu käme, dass wir alle nach »Vertrauen und Nähe« suchen würden, die allein schon dadurch entstünden, »dass mir etwas häufig begegnet«.[17]

Die bloße Wiederholung falscher Behauptungen trägt dazu bei, deren Glaubwürdigkeit zu erhöhen. Diese Beobachtung wird nicht zuletzt auch durch eine Studie aus den USA bestätigt, an der mehr als 1600 Probanden teilgenommen haben. Den Testpersonen wurden verschiedene Falschaussagen präsentiert, beispielsweise die Behauptung, Trump wolle alle Fernsehsendungen verbieten, in denen es um Homosexualität geht. Das Ergebnis: Mit jeder Wiederholung wächst die Glaubwürdigkeit der Behauptung – unabhängig davon, wie absurd diese auch scheint.[18] Und wenn mehrere solcher Falschbehauptungen oder Fake News aufeinandertreffen, entsteht daraus ein selbstreferenzielles System: Fake News A verweist als Quelle auf Fake News B, die sich wiederum auf Fake News C und A bezieht. All dies sind starke Argumente dafür, Fake News nicht einfach zu ignorieren und unwidersprochen zu lassen.

Was schlecht ist, ist schlecht – auch wenn es nicht gesagt wurde

Erfundene Meldungen und Zitate

Flüchtlinge sollten bei der Abgabe von Lebensmitteln an Bedürftige gegenüber Deutschen bevorzugt werden. Sie seien ohnehin wertvoller als Gold, ihre Straftaten müsse man tolerieren. Außerdem solle im Fastenmonat Ramadan in Deutschland kein Alkohol mehr verkauft werden: alles angebliche Aussagen von Politikerinnen und Politikern, die nie gefallen sind und dennoch massenhaft in sozialen Medien zirkulieren. »Laut Merkel ist Flüchtlingen bei den Tafeln unbedingter Vorrang zu geben – wir luden sie ein.« Diese gezielte Falschmeldung verbreitet das Blog Halle Leaks im Februar 2018. Wörtlich heißt es:

> Für die Gäste nur das Beste. Kanzlerin Merkel meint damit, dass den Flüchtlingen der Vorrang vor Alten, Gebrechlichen und Rentnern zu gewähren ist. Erstens haben wir diese Menschen eingeladen und zweitens würden sie sich diese Vorzugsbehandlung auch hart erkämpfen und damit verdienen. Sie litten ihr ganzes Leben unter Krieg, Verfolgung, Not und Entbehrungen, so dass wir Verständnis haben sollten, wenn sie ihrer Freude über ihre neu gewonnene Heimat etwas überschwänglicher Ausdruck verleihen. #refugeeswelcome #heilmerkel[1]

Halle Leaks verweist als Quelle für Merkels Äußerungen auf ZEIT ONLINE. Doch es ist bereits zu ahnen: In der verlinkten Meldung steht nichts von einer solchen Forderung der Bundeskanzlerin. Im Gegenteil, Merkel sagt, sie halte nichts davon, Bedürftige bei Tafeln in Kategorien zu sortieren.[2] Obgleich also ein Klick auf die verlinkte Quelle genügt, um die Falschmeldung zu erkennen, teilen Tausende Nutzer den Beitrag von Halle Leaks. Laut dem Analyse-Tool 10000Flies generiert der Artikel mit dem angeblichen Merkel-Zitat innerhalb eines Tages mehr als 42 000 Interaktionen auf Facebook und Twitter – mehr als jeder andere Artikel an diesem Tag.[3] Auf die vorherigen sieben Tage gesehen, liegt Halle Leaks damit auf Platz drei. Auf Platz eins: ein Artikel der Zeitung *Die Welt*, der sich mit der Bundestagsdebatte über einen AfD-Antrag zu dem Journalisten Deniz Yücel beschäftigt, er wird gefolgt von einem Beitrag der Satireseite Postillon. Auch wenn Interaktionen nicht mit Reichweite zu verwechseln sind, zeigen die Zahlen, wie stark etablierte Medien in den sozialen Netzwerken mit neuen Blogs und Online-Seiten konkurrieren müssen. So dominiert der Postillon die Charts für den Zeitraum vom April 2018 bis April 2019.[4] In einem Beitrag behauptet die Satireseite, ein strenggläubiger Muslim wolle keinen Jägermeister mehr trinken, weil das Logo ein Kreuz zeige. Eine Geschichte, die einige Nutzer glauben. Die langjährige CDU-Bundestagsabgeordnete Erika Steinbach twittert dazu:

> Hoppla, ich dachte Muslime dürfen keinen Alkohol trinken. Also kann Jägermeister diese Drohung gelassen hinnehmen. Aber es ist schon dreist, was hier in Deutschland abgeht.[5]

Für diesen Tweet erntet Steinbach wiederum rund 2000 Herzen bei Twitter, ebenfalls ein sehr beachtlicher Wert. Mehrere Kommentare weisen sie allerdings auf den satirischen Hintergrund hin. Später behauptet die ehemalige Vorsitzende des Bundes der

Vertriebenen, sie habe sich nur einen Spaß erlaubt und sei amüsiert über die Empörung. Ob dies stimmt, lässt sich nicht eindeutig klären – dagegen spricht Steinbachs sonstiges Agieren in den sozialen Medien. Sie hat bereits mehrfach Inhalte geteilt, die irreführende oder falsche Zitate beinhalteten. So teilt Steinbach beispielsweise im September 2018 ein Fake-Zitat, das eine angebliche Aussage der Grünen-Politikerin Renate Künast wiedergibt: Diese soll gesagt haben, Integration fange damit an, dass alle erst einmal Türkisch lernten. Diese Aussage geistert bereits seit Jahren durch soziale Medien, obgleich Künast regelmäßig betont, dass sie den betreffenden Satz so nie gesagt hat. Es geht um eine Äußerung aus dem Jahr 2010: Künast war damals in der ARD-Talkshow »Beckmann« zu Gast, Thema waren die Thesen des ehemaligen Berliner Finanzsenators Thilo Sarrazin. Künast kritisierte Sarrazin, weil dieser den Namen der CDU-Politikerin Aygül Özkan mehrfach falsch ausgesprochen habe: »Integration fängt damit an, dass Sie als Deutscher sich ihren Namen mal merken.« Künast stellte dies bereits 2015 richtig,[6] dennoch wird das falsche Zitat bis heute verbreitet. Auch hier würde eine Google-Suche genügen, um den Sachverhalt zu klären.

Steinbach verbreitet auch über Claudia Roth falsche Zitate. Im Juni 2017 leitet die Bundestagsvizepräsidentin daher rechtliche Schritte ein.[7] Anlass ist diesmal ein Facebook-Beitrag Steinbachs, in dem behauptet wird, Grünen-Politikerin Roth habe im Januar 2016 im Zusammenhang mit den massenhaften sexuellen Übergriffen in der Silvesternacht in Köln gesagt: »Wir sollten uns stärker an islamischen Werten orientieren. Der Koran bietet die Lösungsansätze, die wir brauchen, um sexuelle Übergriffe auf Frauen effektiv zu unterbinden.«[8] Auch hierbei handelt es sich um ein falsches Zitat,[9] Roth fordert daher von Steinbach, dieses nicht mehr zu verbreiten. Der rechtlichen Aufforderung muss Steinbach nachkommen. Sie veröffentlicht eine Erklärung, in der es heißt:

> Ich habe in einem Bild von der Bundestagsabgeordneten von Bündnis 90/Die Grünen, Claudia Roth behauptet, sie habe im Januar 2016 erklärt: »Wir sollten uns stärker an islamischen Werten orientieren. Der Islam bietet die Lösungsansätze, die wir brauchen, um sexuelle Übergriffe auf Frauen effektiv zu unterbinden« ICH STELLE DAZU FEST: CLAUDIA ROTH HAT SO ETWAS NICHT GEÄUßERT.« Über den Widerruf hinaus bedaure ich diese Aussage, von der mir nicht bewußt war, dass es sich um eine Fälschung handelt![10]

Steinbach will also nicht erkannt haben, dass es sich um eine Fälschung handelt. Dabei ist bei Zitaten über Roth Vorsicht geboten, sie wird regelmäßig Ziel von Fakes und Beleidigungen. Unbekannte machten sich sogar die Mühe und meldeten einen falschen Twitter-Account an, der im Namen von Roth twitterte.[11] Beispielsweise kommentierte die »gefälschte« Roth zur Fußball-WM 2018:

> Ihr Deutschen habt doch sowieso keine Kultur und Identität mehr, also wofür Jubeln? Wir grünen werden schon dafür sorgen das alles Deutsche verschwindet und endlich der Islam einzieht.

Obwohl der falsche Twitter-Account längst gelöscht wurde, wird Claudia Roth diese angebliche Aussage in Form von Screenshots des Fake-Tweets immer wieder vorgehalten.[12]

Auch eine angebliche Aussage des altgedienten Grünen-Politikers Daniel Cohn-Bendit verbreitet Erika Steinbach: »Wir, die Grünen, müssen dafür sorgen, so viele Ausländer wie möglich nach Deutschland zu holen. Wenn sie in Deutschland sind, müssen wir für ihr Wahlrecht kämpfen. Wenn wir das erreicht haben, werden wir den Stimmanteil haben, den wir brauchen, um diese Republik zu verändern.« Steinbachs Kommentar dazu: »Und da regen sich manche über die AFD auf …« Dieses Zitat ist ebenfalls längst als Fake entlarvt. Steinbach hat es sogar nicht zum ersten Mal gepostet: Schon im Oktober 2015 hatte sie ein Bild mit der falschen Aussage veröffentlicht. Unter anderem *FOCUS Online* berichtete daraufhin über den Fake und Steinbachs bemerkenswerte Ausrede: Sie räumt ein, sie habe das Bild »auf Facebook gefunden«. Auf den Kommentar, dass dies keine belastbare Quelle sei, antwortete sie: »Ich schreibe hier keine Doktorarbeit!«[13]

Dieses und weitere Fake-Zitate tauchen im Herbst 2018 schließlich auf einem Plakat bei einer AfD-Wahlkampfveranstaltung in Bayern auf.[14] Die Desinformation hat also ihren Weg aus dem Netz heraus in die reale Welt gefunden. Dass sich reale und virtuelle Welt genauso wenig wie soziale und etablierte Medien voneinander trennen lassen, sondern dass sich diese jeweils gegenseitig beeinflussen, zeigt sich im Bundestagswahlkampf 2017, als im TV-Duell der SAT1-Moderator Claus Strunz den SPD-Spitzenkandidaten mit dem Zitat »Was die Flüchtlinge zu uns bringen, ist wertvoller als Gold« konfrontiert. Dazu solle Martin Schulz sich erklären. Die Frage überrascht den SPD-Politiker aber nicht, denn das Zitat kursiert bereits seit Tagen in den sozialen Netzwerken, und so kontert er, der Moderator müsse schon die gesamte Aussage zitieren, die tatsächlich lautete: »Was die Menschen zu uns bringen, ist wertvoller als Gold, es ist der Glaube an Europa.«[15]

Im Juli 2018 wird wiederum Claudia Roth vorgeworfen, sie wolle 70 Millionen Flüchtlinge in Deutschland aufnehmen. Hintergrund ist ein ironischer Zwischenruf im Bundestag, nachdem Alexander Dobrindt von der CSU den Grünen vorgeworfen hat, es sei nicht klar, was die Partei in der Flüchtlingspolitik eigentlich wolle. Daran schließt sich die Frage an, wie viele der »70 Millionen« Flüchtlinge weltweit die Grünen wohl aufnehmen möchten. Roth ruft dazwischen: »Alle, Herr Dobrindt!«[16] Obgleich eindeutig als ironisch zu erkennen, veröffentlicht unter anderem das rechte Portal Jouwatch die Nachricht, Roth habe jetzt wohl endgültig den Verstand verloren.[17] Auf Twitter verbreiten bekannte Journalisten wie der *Bild*-Redakteur Ralf Schuler die Aussage von Roth weiter.[18] Er behauptet in einem Kommentar, Ironie sei dabei nicht zu erkennen. Und so landet die angeblich ernsthafte Aussage schließlich sogar wieder im Bundestag. CSU-Landesgruppenchef Alexander Dobrindt behauptet am 4. Juli 2018 in der Generaldebatte, die Grünen »wollen alle Flüchtlinge aufnehmen, die auf der Welt unterwegs sind«.

Nur eine Posse? Roth beschwert sich in einem Brief an Dobrindt und betont, sie habe seit dessen Aussage massenweise Hasspost und Morddrohungen erhalten. »Vielleicht interessiert es Sie, welche Konsequenzen Ihre gezielte Wiederholung und bewusste Fehlinterpretation meines ironischen Zwischenrufs hat«, schreibt Roth, dem sie »zur Veranschaulichung« eine der Hassmails beifügt. »Sie wissen sicher, was Sie tun. Bedauerlich«, heißt es in dem Schreiben, das sie in Kopie auch an Bundestagspräsident Wolfgang Schäuble und Unionsfraktionschef Volker Kauder schickt.[19]

Schon seit dem Jahr 2016 wird in rechten Kommentaren immer wieder ein Grünen-Politiker namens Tobias Weihrauch aus Rheinland-Pfalz zitiert, weil dieser »so viele Afrikaner und Syrer wie möglich in unser Land holen« wolle. Weiter soll Weihrauch gesagt haben:

> Leider werden immer mehr Gewalttaten von Flüchtlingen publiziert, da die Medien nicht mehr mit uns zusammenarbeiten. Daher

fordere ich alle Grünen dazu auf, Flüchtlinge zu unterstützen, egal wie integrationswillig oder kriminell sie sind.[20]

Der Haken an der Sache: Nicht nur die Zitate sind frei erfunden, sondern gleich die Person Tobias Weihrauch. Es existiert kein Grünen-Politiker mit diesem Namen. Eine bemerkenswerte Energie wird hier aufgebracht, um das gegnerische Lager zu diskreditieren. Im Netz kursieren die Zitate von Tobias Weihrauch bis heute weiter. Vor der Landtagswahl in Bayern im Herbst 2018 führt ein bekannter rechtsradikaler Blogger das erwähnte Zitat auf, um die Behauptung zu belegen, die Grünen würden »die Abschaffung Deutschlands« anstreben. Weihrauch ist dabei kein Einzelfall: Auch die angebliche Grünen-Politikerin Petra Klamm-Rothberger hat sich als Fake erwiesen.[21]

Die meisten falschen Zitate richten sich gegen das politische Personal der Grünen – aber nicht ausschließlich. Auch Personen aus anderen Parteien sind betroffen, beispielsweise Gesundheitsminister Jens Spahn von der CDU. Spahn kündigt im Jahr 2018 an, er wolle die »AfD überflüssig machen«. Und weiter: »Die AfD-Führung ist der NPD heute näher als der Union.«[22] Der Berliner Express unterstellt ihm dennoch eine Nähe zur AfD: »Spahn: ›Mit der AfD verbindet uns mehr als mit der SPD.‹« Und: Deutschland brauche »einen Rechtsruck«. Auch diese Zitate sind frei erfunden, wie das Portal t-online dokumentiert.[23] Ein SPD-Landrat teilt die erfundene Spahn-Meldung auf Facebook: »Selbst ernannter Kronprinz liebäugelt mit der AfD – es geht immer noch absurder!« Andere Politikerinnen und Politiker der SPD glauben ebenfalls, Spahn habe sich entsprechend geäußert, aus einem einfachen Grund: Aus ihrer Sicht könnte es sein, dass der CDU-Politiker so etwas gesagt hat. Auch Verteidigungsministerin Ursula von der Leyen wurden vom Berliner Express brisante erfundene

Zitate untergeschoben, Innenminister Horst Seehofer war ebenfalls Zielscheibe.[24]

Gerüchte und Lügen über Menschen aus der Politik zu verbreiten, hat sich auch außerhalb Deutschlands als effektives Instrument erwiesen, um die jeweilige Gegenpartei zu schwächen. In der Ukraine bezichtigen sich im April 2019 die Kandidaten im Präsidentschaftswahlkampf gegenseitig, wahlweise ein Alkohol- oder Drogenproblem zu haben. Beide geben daraufhin eine Blutprobe ab, Medien berichten von einem »blutigen Nadelstichwahlkampf«.[25]

In Österreich sieht sich Präsidentschaftskandidat Alexander Van der Bellen im Sommer 2016 dazu gezwungen, seinen Arzt von der Schweigepflicht zu entbinden. Damit will Van der Bellen Gerüchte aus der Welt schaffen, die bereits seit Monaten kursieren. Rechtsextreme Blogs hatten ihm eine Krebserkrankung mit zahlreichen Metastasen angedichtet, außerdem solle er dement sein. Als eine der ersten verbreitet eine gewisse »Michaela J.« die Falschmeldung. Michaela J. lebt laut ihrem Facebook-Profil im ungarischen Sopron, ist aber in der österreichischen und deutschen rechtsextremen Szene bestens vernetzt. Vieles deutet auf ein Fake-Profil hin. Zwar hat sie praktisch keine ungarischen Freunde, unterhält dafür aber Facebook-Freundschaften mit verschiedenen bekannten Personen aus der FPÖ.[26] Nach einem Posting von Michaela J. wird die Falschmeldung über den Gesundheitszustand Van der Bellens in verschiedenen rechten Gruppen geteilt: Freiheitlich für Österreich, NPÖ (Nationale Partei Österreich), Club 3 Kornblume Österreich, AfÖ (Alternative für Österreich) oder Scharia Nein Danke sind unter anderem dabei. Hunderttausendfach verbreitet sich das Gerücht.

Der Präsidentschaftskandidat legt daher der Austria Presse Agentur Befunde aus einer wenige Tage zuvor erfolgten Untersuchung vor. Fazit: Der 72-jährige Raucher hat und hatte keinen Krebs. »Der ist super beinand«, sagt Krebsspezialist Christoph Zielinski, der ihn untersuchte, er könne »mit an 100 Prozent grenzender Wahrscheinlichkeit ausschließen, dass der Herr Van der Bellen an irgendeiner Krebserkrankung laborieren würde«. Der frühere Grünen-Chef sei fit und uneingeschränkt dazu geeignet, das Amt des Bundespräsidenten auszuüben.

Man habe diesen Schritt aus Respekt gegenüber der Bevölkerung gewählt, um ihr Sicherheit bezüglich der Eignung des Kandidaten zu geben, aber auch um kursierenden Diffamierungen entgegenzutreten, sagt Van der Bellens Wahlkampfmanager. Die FPÖ bereite diesem Klima mit vielen abwertenden Äußerungen den Boden, kritisiert der Wahlkampfmanager: Die Herabsetzungen hätten ein Ausmaß erreicht, das diesen Schritt notwendig gemacht habe. Das Team Van der Bellen hoffe nun auf Fairness, es liege auch an der FPÖ und deren Kandidat Norbert Hofer, Verantwortung zu zeigen und der »Sudelkampagne« Einhalt zu gebieten. Der Politikberater Thomas Hofer bewertet in der Zeitung *Der Standard* das Vorgehen Van der Bellens aus wahlkampftaktischer Sicht positiv: »Es ist richtig, dass man diesen Gerüchten einen Riegel vorschiebt.« Trotzdem bestehe natürlich bei Dirty Campaigning immer die Gefahr, dass man durch eine offizielle Reaktion den Personenkreis erweitere, der von dem Gerücht erfährt. Mit der Veröffentlichung seiner Befunde könne Van der Bellen die FPÖ-Wählerschaft nicht überzeugen, sagt Hofer. »Das ist aber auch nicht das Ziel.« Es könne aber Teil der Mobilisierung des eigenen Lagers sein. Indem man die Methoden der Gegenseite »aufdecke«, ließen sich womöglich die negativen Emotionen des Van-der-Bellen-Lagers gegenüber der FPÖ und deren Kandidaten schüren. Für die politische Kultur allerdings sei es grundsätzlich bedenklich, dass nun auch in Österreich der höchstpersönliche Lebensbereich von Personen aus der Politik in der Öffentlichkeit thematisiert werde. Hofer verweist auf die USA, wo es bereits üblich sei, dass Kandidatinnen und Kandidaten im Vorfeld von Wahlen ihre Gesundheitsdaten veröffentlichen.[27]

Tatsächlich legt Hillary Clinton im Wahlkampf 2016 Atteste vor, um ihre Gesundheit zu beweisen, doch auf rechten Seiten im Netz werden gefälschte Dokumente verbreitet, die Gerüchte über die demokratische Präsidentschaftskandidatin und ihren angeblich angeschlagenen Zustand bestätigen sollen.[28] Clinton soll unter Anfällen und Demenz leiden, heißt es. Sogar auf *Fox News* werden entsprechende Falschmeldungen veröffentlicht. Die Kandidatin wird in dem Wahlkampf mit Gerüchten und Falschmeldungen überzogen, angeblich sei sie lesbisch. Am bekanntesten wird weltweit die »Pizzagate«-Verschwörungstheorie, die das Clinton-Lager mit einem Kinderpornoring in Verbindung bringen soll.[29]

Aber es gibt auch harmlose Fakes: *Das Buch der falschen Zitate*[30] führt in der Kategorie »Lustige, aber schräge Fußballersprüche« beispielsweise ein Zitat auf, das angeblich von Lukas Podolski stammt: »Fußball ist wie Schach – nur ohne Würfel.« Der Satz geht allerdings nicht auf den Fußballer zurück, sondern auf den Satiriker Jan Böhmermann. Aber er hätte von Podolski stammen können, oder?

Darf alles Satire sein?

Fake News unter dem Deckmantel des Humors

»Diese Kümmelhändler haben selbst einen Völkermord an 1,5 Millionen Armeniern am Arsch … und die wollen uns irgendetwas über Geschichte und Heimat erzählen? Die spinnen wohl!« Aus AfD-Politiker André Poggenburg sprudelt an diesem politischen Aschermittwoch 2018 die Empörung: »Diese Kameltreiber sollen sich dahin scheren, wo sie hingehören. Weit, weit, weit hinter den Bosporus – zu ihren Lehmhütten und Vielweibern!« Die Menge tobt, Menschen erheben sich von ihren Bänken und skandieren »Abschieben!«. Der Politikwissenschaftler Hajo Funke stellt im ZDF fest, die Szenerie habe ihn an Reden von Gauleiter Joseph Goebbels in den 1920er-Jahren in Berlin erinnert.[1]

In der Hitze des Gefechts ist Poggenburgs Publikum allerdings etwas nicht aufgefallen: Die Rede sollte satirisch sein. Zumindest behauptet der Redner das, nachdem er auch in der AfD unter Druck gerät. Gegenüber der *Frankfurter Allgemeinen Zeitung* behauptet Poggenburg, es habe sich bei seinen abwertenden Äußerungen über Deutschtürken um Satire gehandelt.[2] Das zeige sich schon daran, dass es in der Türkei gar keine Kamele gebe. »Eine direkte Beleidigung oder Herabsetzung anderer Nationalitäten liegt mir völlig fern«, heißt es zudem in einer schriftlichen Stellungnahme Poggenburgs.[3] Tatsächlich klingt eher diese Erklärung wie Satire, denn zum einen gibt es in der Türkei sogar ein sogenanntes Kamel-Wrestling,[4] zum anderen erscheint es angesichts des aggressiven Vortrags der Aschermittwochsrede und des sonstigen politischen Wirkens Poggenburgs nun wirklich nicht abwegig, dass er andere Nationalitäten herabsetzen oder beleidigen könnte.

Auch der ehemalige österreichische Vizekanzler Heinz-Christian Strache von der FPÖ beruft sich auf Satire, als er im Februar 2018 auf Facebook schreibt:

> Das Beste aus Fake News, Lügen und Propaganda, Pseudokultur und Zwangsgebühr. Regional und international. Es gibt einen Ort, an dem Lügen zu Nachrichten werden. Das ist der ORF.

Dazu ergänzt Strache noch: »Im Fernsehen, im Radio und auf dem Facebook Profil von Armin Wolf.« Strache schreibt über das Bild den Vermerk »Satire!« und fügt einen Smiley hinzu.[5] Später erklärt er, der Beitrag sei nicht gegen den bekannten ORF-Moderator Wolf persönlich gerichtet. Gleichzeitig wiederholt der FPÖ-Politiker seine Forderung, die »Zwangsgebühren« für den öffentlich-rechtlichen Rundfunk in Österreich abzuschaffen.

Der Moderator Armin Wolf kann über die vermeintliche Satire nicht lachen: Straches Behauptung, das Facebook-Posting sei nicht persönlich gemeint gewesen, sei für ihn schwer nachvollziehbar, immerhin zeige das Bild in Straches Beitrag ausschließlich ihn, Armin Wolf. Ein Gericht solle entscheiden, ob diese Art der persönlichen Diffamierung rechtlich zulässig sei oder nicht. Später zieht der ORF-Moderator seine Klage zurück, die beiden Parteien einigen sich außergerichtlich: Strache verpflichtet sich, die aufgestellte oder sinngleiche Behauptungen nicht mehr zu wiederholen und veröffentlicht auf seiner Facebook-Seite sowie als Anzeige in der *Kronen Zeitung* eine Entschuldigung an Wolf.[6] Im Mai 2019 endet Straches Aufstieg zu einem der wichtigsten Politiker der extrem rechten Parteien in Europa: Ein fast zwei Jahre zurückliegendes Treffen mit einer falschen Oligarchen-Nichte auf Ibiza bringt den FPÖ-Politiker und Vizekanzler zu Fall. Ein heimlich aufgenommenes Video zeigt, wie der damalige FPÖ-Spitzenkandidat Staatsaufträge in Aussicht stellt, falls die angebliche Oligarchenfamilie aus Russland die *Kronen Zeitung* übernimmt und auf FPÖ-Linie bringt.[7]

Auch der Galgen, von dem es hieß, er sei für den SPD-Politiker Sigmar Gabriel reserviert, ist keine Satire. Zunächst taucht die Holzkonstruktion auf den Pegida-Demonstrationen in Dresden auf und sorgt für Empörung und Entsetzen. Später bietet ein Händler ein Modell davon im Netz an. Der Galgen sei eine überspitzte, aber gerechtfertigte Kritik an der Flüchtlingspolitik, argumentierte der Händler. Gabriel klagt gegen den Verkauf des »Pegida-Galgens« mit dem Schild »Reserviert Siegmar ›das Pack‹ Gabriel«. Das Landgericht Hamburg entscheidet schließlich für den Kläger: Der Galgenbauer nehme mit seinem Werk den Tod Gabriels nicht nur billigend in Kauf, sondern befürworte seine Hinrichtung. Weder könne sich der Händler auf die Kunstfreiheit noch auf den besonderen Schutz der Satire als Ausdrucksform berufen. Der Galgen verkörpere den dargestellten Aussagegehalt unmittelbar und stelle keine Äußerung satirischer Art dar.[8]

Ein Galgen für einen Politiker, die Lügen-Vorwürfe eines FPÖ-Politikers gegen einen Journalisten, abfällige Bemerkungen gegen Deutschtürken: Der Deckmantel der Satire wird in allen drei Fällen benutzt, um Menschen herabzusetzen, politische Gegnerinnen und Gegner zu diskreditieren und sogar indirekt zu bedrohen. Der Satz »Das war doch nur Satire – und Satire darf alles« hat sich zu einer populären Ausrede entwickelt.

Doch was genau macht Satire aus? Eine einheitliche Definition existiert nicht, vielmehr verweisen die Begriffsbestimmungen genau auf die »Undefinierbarkeit« von Satire, deren Komplexität eine eindeutige Einordnung erschwere. Anna Wagner vom Institut für Medien, Wissen und Kommunikation an der Universität Augsburg forscht zur Bedeutung von Satire als Mittel der politischen Kommunikation. Sie erläutert, Satire enthalte »einen expliziten oder impliziten Angriff« gegen ein »beziehungsweise eine aggressive Kritik an einem Satireobjekt«, also beispielsweise eine kritische Auseinandersetzung mit vermeintlichen gesellschaftlichen Missständen, mit politisch Agierenden, Institutionen oder Ereignissen. Bei Satire werde diese Kritik mit den Mitteln des Humors und mit rhetorisch-künstlerischen Ausdrucksformen wie jene der Verzerrung, Übertreibung oder Ironie vorgetragen. Zudem beziehe »sich Satire zumindest implizit mit ihrer Kritik auf ein gesellschaftliches Ideal, das in der Realität nicht erfüllt wird und von dem das oder der Kritisierte abweicht«. Man könnte auch sagen: Satire deckt Doppelmoral auf.

Oft wird gesagt, typisch für Satire sei die Kritik an »den Mächtigen«. Dazu erklärt Forscherin Wagner, Satire müsse – auch wenn sie das häufig tut – nicht zwingend gegen Mächtige gerichtet sein. Beispielsweise könne eine Kritik am Wahlverhalten von Bürgerinnen und Bürgern oder das Demonstrationsverhalten der AfD-Anhängerschaft satirisch aufbereitet sein und damit den genannten Kriterien entsprechen, ohne sich gegen Eliten oder Institutionen zu richten.[9]

Ein wichtiges Merkmal für Satire ist häufig der satirische Rahmen, also ein bestimmtes Format, etwa eine TV-Satiresendung oder eine Satirezeitung. Satire ist zudem durch die Rollendefinition desjenigen gekennzeichnet, der die Satire betreibt. Der Rahmen hilft Publikum und Medienschaffenden, die Inhalte einzuordnen und als humoristisch gemeint zu verstehen. Poggenburg beruft sich genau auf diesen satirischen Rahmen, wenn er behauptet, beim politischen Aschermittwoch werde oft übertrieben. Allerdings gibt sein aggressiver Vortrag keinen Hinweis darauf, dass er sich gerade satirisch äußern würde. Wenn Politikerinnen oder Politiker tatsächlich in einem Satireformat auftreten, erwartet das Publikum keine durch und durch ernstgemeinten Beiträge, sondern wird die Äußerungen auch als satirisch verstehen. Schwierig wird es, wenn satirische oder ironische Äußerungen später ohne Kontext zitiert werden und der Eindruck erweckt wird, das Gesagte sei in einem nicht satirischen Rahmen ausgesprochen worden.

Die erwähnten Fälle zeichnen sich aber gerade nicht dadurch aus, dass die entsprechenden Äußerungen in einem satirischen Kontext stattfinden. Vielmehr berufen sich Poggenburg, Strache und der Galgenhändler auf den Begriff der Satire und somit der Kunst- und Meinungsfreiheit, um diskriminierende Aussagen und Beleidigungen zu verbreiten. Forscherin Wagner hat ähnliche Muster gemeinsam mit dem Medienwissenschaftler Christian Schwarzenegger bei der Analyse extremer rechter Facebook-Seiten und -Gruppen beobachtet, die unter dem Begriff der Satire firmieren. Hierbei würden Satire und eine Es-ist-ja-nicht-so-gemeint-Rhetorik vorgeschützt, um die Grenzen des Sagbaren auszureizen.[10]

Neu ist diese Debatte keineswegs. Jesko Friedrich, Autor, Regisseur und Darsteller in der NDR-Satiresendung *Extra 3*, beschäftigt sich bereits seit Jahren mit den Möglichkeiten und Grenzen von Satire. Er schreibt 2009, Satire trete nicht nach unten: »Das arme Würstchen ist nicht der Feind.« Als Beispiel führt er einen *Extra 3*-Beitrag an, in dem er als Reporter von einer schlecht besuchten »Montagsdemo« gegen die Hartz-IV-Gesetze berichtete. Die von den Organisatoren konstruierte Parallele zu den Montagsdemonstrationen, die den Fall der DDR einleiteten, sei »schön größenwahnsinnig« gewesen, die Parolen »Wir sind das Volk!« angesichts der geringen Teilnehmerzahl auf rührende Weise anmaßend, die O-Töne lustig (»Wir liegen mit dem Gesicht auf der Schnauze und es geht bergab.«). Friedrich weiter:

> Aber der Status der Demonstranten war schon eher niedrig (viele Arbeitslose, von Arbeitslosigkeit Bedrohte und ehrlich Besorgte), sodass sie nicht hundertprozentig als »Feind« funktionierten. Die absolute Grenze lag schließlich bei einer Szene, in der ein sehr herausgeforderter Mensch mit Sprachfehler zu Wort kam – ich schnitt sie heraus, da sie ihn eher bloßgestellt als entlarvt hätte.[11]

Noch ärgerlicher sei in diesem Zusammenhang die zum ausschließlichen Zweck der Belustigung veranstaltete forcierte Verhöhnung Schwächerer, die sich als Satire ausgebe, stellt Friedrich fest. Im Jahr 2004 beispielsweise kommentierte Stefan Raab das Foto einer jungen türkischen Mutter, die die Schultüte für ihr Kind trug, mit dem Satz: »Die Dealer tarnen sich immer besser.« Ähnlich habe es sich mit dem Fall einer 16-jährigen Schülerin verhalten, über deren Namen Raab im Jahr 2001 zahlreiche Pornowitze gerissen habe. Friedrich folgert daraus: »Satire muss wehtun, aber nicht durch sinnfreie Beleidigungen, sondern durch harte, treffende Kritik.« In diesem Fall lässt sich trefflich darüber streiten, ob das »Erdoğan-Gedicht«, das Jan Böhmermann im März 2016 in seiner Sendung vortrug, noch Satire ist: Einerseits richtet es sich gegen einen Mächtigen, wurde in einem satirischen Rahmen vorgetragen und sollte bewusst überzeichnen – was unter Kunstfreiheit und Satire alles möglich ist –, andererseits bestand es schlicht aus einer Aneinanderreihung von rassistischen Ressentiments und Beleidigungen. Man könnte also sagen, die Kritik war hart, aber nicht unbedingt treffend, und sie richtete sich zwar gegen Erdoğan, aber gleichzeitig nutzte Böhmermann Beleidigungen, die in Deutschland häufig auf Deutschtürken gemünzt werden.

Viel diskutiert wird auch, ob satirische Aktionen der Zeitschrift *Titanic*[12] oder politische Kunstprojekte in Zeiten von Desinformation und Fake News gefährlich seien und Medien dadurch unnötig aufs Glatteis geführt würden. Dabei lässt sich feststellen: Bei einer Recherche nach den journalistischen Grundregeln hätte bisher niemand auf die ausgedachten Geschichten hereinfallen müssen. Die Satire-Aktionen führen die Medien vor, was unangenehm für die betroffenen Kolleginnen und Kollegen ist, denn Fehler können passieren. Aber letztendlich lässt sich noch ein konstruktiver Nutzen daraus ziehen, nämlich die Bedeutung von Recherche und Gründlichkeit wieder bewusster zu machen. Satire hat in diesen Fällen Missstände aufgezeigt: Der moderne Nachrichtenjournalismus ist für Fehler anfällig, da in den Redaktionen oft unter extremem Zeitdruck über Quellen und Meldungen geurteilt werden muss. Geschwindigkeit ist eine wichtige Währung im aktuellen journalistischen Geschäft, aber sie darf nie die einzige sein. Es benötigt Ressourcen, um das Ideal »sei der Erste, habe recht, sei glaubwürdig« erfüllen zu können – und dazu gehört auch, Satire als solche zu erkennen und gegebenenfalls zu enttarnen.

Die Frage, was Satire ausmacht, wo ihre Grenzen liegen und was noch vertretbar erscheint und was nicht, lässt sich nicht eindeutig beantworten. Eines ist aber klar: Rassistische Herabwürdigungen, Falschmeldungen, die gar nicht als solche zu erkennen sind und nicht aufgelöst werden, sind keine Satire, sondern Hate Speech und Desinformation.

George Soros – der Antichrist

Personifizierung einer Verschwörungstheorie

Deutscher Bundestag, 22. November 2018: Aussprache über den Etat des Bundesjustizministeriums. Die Abgeordneten diskutieren unter anderem über Mittel für neue Stellen am Bundesgerichtshof, über die Reform des Abtreibungsrechts und einen angestrebten »Pakt für den Rechtsstaat«. Der AfD-Abgeordnete Stephan Brandner hält sich nicht mit solchen Themen auf. Er tritt an das Rednerpult und knöpft sich Ressortchefin Katarina Barley vor. Ein zentraler Vorwurf: Die SPD-Politikerin verschwende öffentliche Gelder für Selbstdarstellung, beispielsweise auf Facebook. Auf ihrer persönlichen Seite habe er von einem Treffen der Ministerin mit einem »zwielichtigen, dubiosen, internationalistischen Strippenzieher« gelesen, führt Brandner aus, mit dem sie über eine »lebendige Zivilgesellschaft« gesprochen habe.

Mit dem »dubiosen Strippenzieher« ist George Soros gemeint – für viele Menschen überhaupt kein Begriff, in der neuen rechten Parallelöffentlichkeit hingegen ein Fixstern der Dunkelheit, ein Lord des Bösen, der Antichrist. Für die AfD scheint ein Treffen der SPD-Politikerin mit Soros so bemerkenswert, dass sie es im Bundestag zu skandalisieren versucht.[1] Die AfD-Fraktion veröffentlicht die Rede von Brandner im Netz unter der Schlagzeile »Ministerin Barley trifft zwielichtigen George Soros!«. Zahlreiche Blogs und Nutzer teilen das Video. Was genau an dem Treffen skandalös und warum Soros zwielichtig sein soll, all das führt Brandner nicht aus. Es reicht, den Namen zu nennen: George Soros.[2]

Die AfD-Fraktion stellt nach eigenen Angaben im Rechtsausschuss anschließend sogar noch den Antrag, Barley solle dort über das Treffen mit Soros informieren. Dass die Ausschussmitglieder der anderen Fraktionen keine Notwendigkeit für eine solche Anhörung sehen und dem Antrag daher nicht zustimmen, wird im Netz wiederum als Beweis gewertet, dass es etwas zu verheimlichen gebe. Ein bemerkenswerter Umkehrschluss: Weil ein Thema nach Ansicht der großen Mehrheit der Abgeordneten keine Relevanz hat, wird gefolgert, die Angelegenheit sei zu brisant und solle totgeschwiegen werden.

Im Netz kann allerdings keine Rede von »totschweigen« sein, ganz im Gegenteil: Das Treffen von Barley und Soros wird hundertfach kommentiert. Die NPD wittert eine »rote Asyllobby«, andere bezeichnen Barley als »Soros-Vasallin«. Auf Barleys Facebook-Seite schreibt ein Johannes N.:

> Interessant, wie offen Sie sich mit mit Ihrem »Auftraggeber« zeigen. Hoffentlich gelingt bald die Wiederherstellung von tatsächl. Rechtsstaatlichkeit, damit alle, die sich an Deutschland / Europa versündigten, sowohl straf-, als auch zivilrechtlich zur Verantwortung gezogen werden.[3]

Nur wenige Worte und zugleich eine Salve von Vorwürfen und Unterstellungen, die ein paranoides Weltbild offenlegen. Demnach kontrollieren und steuern einzelne Strippenzieher die politisch Handelnden wie Marionetten. Es gebe keine echte Rechtsstaatlichkeit und Politikerinnen und Politiker würden sich am Vaterland »versündigen«. Im Zentrum dieser vermeintlichen Verschwörungen und Machenschaften, wie die Spinne im Netz:

George Soros. Über kaum einen Menschen lassen sich weltweit so viele Behauptungen und Gerüchte finden wie über ihn. Folgt man Beiträgen in entsprechenden Videos, Blog-Beiträgen und Kommentaren, muss man annehmen, Soros sei omnipotent. Er soll verschiedene Revolutionen geplant und finanziert haben, die Regierungen zahlreicher Staaten lenken und eine neue Weltordnung (New World Order) entworfen haben und diese nun realisieren – mithilfe willfähriger Politiker.

1930 in eine jüdische Familie in Ungarn hineingeboren, überlebt George Soros den Holocaust. Sein Vater versteckt ihn vor den Nazis und bringt seinem Sohn Esperanto bei. Nach dem Krieg reist Soros zu Esperanto-Kongressen, studiert in London und wird dabei nachhaltig von dem Philosophen Karl Popper geprägt. Nicht zufällig nennt er später seine Stiftung »Open Society Foundation« – angelehnt an eines der wichtigsten Werke Poppers: *The Open Society and Its Enemies*. Doch bevor er weltweit seine Stiftungen aufbaut, häuft Soros Gewinne durch Finanzspekulationen an, wettet offen gegen Währungen und schimpft über den »Marktfundamentalismus« von Ronald Reagan und Margaret Thatcher. Wegen seiner erfolgreichen Geschäfte und seiner weitsichtigen Analysen und Prognosen zum internationalen Finanzmarkt verehren ihn viele. Die *New York Times* veröffentlicht im Jahr 2008 ein Porträt über ihn mit dem Titel »Das Gesicht eines Propheten«.[4]

Soros polarisiert, er mischt sich in politische Debatten ein und finanziert über seine Stiftungen diverse Nichtregierungsorganisationen. Bereits in den 1980er- und 1990er-Jahren wird er in der Sowjetunion und anderen Staaten des Ostblocks zu einem Feindbild aufgebaut, oft mit klarer antisemitischer Konnotation. Westliche Linke werfen Soros vor, er definiere postmoderne Gesellschaften und deren Entwicklungen allein über kapitalistische Kriterien, er sei ein Neoliberaler. Von rechter Seite heißt es, Soros errichte eine neue Weltordnung. Kein Wunder also, dass sich die Argumentationsmuster mischen und etwa in den USA konservative Kräfte zu Verschwörungstheorien greifen, die der kommunistischen Propaganda der Sowjetunion verblüffend ähneln.

Die Legende, Soros wolle eine neue Weltordnung aufbauen, soll unter anderem durch Schnipsel aus seinen Äußerungen belegt werden. So veröffentlicht ein Nutzer namens »Rouszcar« im Jahr 2011 auf seinem YouTube-Kanal ein Video mit einem Interview-Ausschnitt, in dem Soros über die internationale Währungs- und Finanzkrise sowie über die künftige Rolle Chinas referiert.[5] Das Gespräch stammt aus dem Jahr 2009. Eine Reporterin der *Financial Times* fragt Soros darin, welche Art von Finanzabkommen der damalige US-Präsident Barack Obama bei einer anstehenden Reise nach China anstreben solle. Darauf antwortet Soros, Peking sei zwar Mitglied des Internationalen Währungsfonds, agiere dort allerdings nur zögerlich, da Chinas Stimmrecht nicht im richtigen Verhältnis zu seinem ökonomischen Gewicht stehe. Daher sei eine neue finanzielle Weltordnung nötig, an deren Schaffung China beteiligt sein müsse.[6] Unter anderem aus dieser Äußerung, die sich eindeutig auf die internationale Finanzpolitik und die stärkere Einbeziehung des aufstrebenden Chinas bezieht, wird im Netz die Legende gestrickt, Soros wolle eine neue politische Weltordnung schaffen.

Die sogenannte New-World-Order-Theorie, auch NWO-Theorie, ist in den vergangenen Jahren zu einer populären Verschwörungslegende erwachsen. Sie wird in unterschiedlichsten Variationen immer weitergesponnen, vorläufiger Höhepunkt, zumindest in der deutschen Diskussion, ist der angebliche Plan zum »Volksaustausch« oder auch zur »Umvolkung«. Dieser Idee zufolge holen Politik und Wirtschaft gezielt Flüchtlinge aus aller Welt nach Deutschland, um die Bevölkerung zu ersetzen, die kulturellen Wurzeln auszurotten und die politische Opposition auszuschalten. Auch Politikerinnen und Politiker der AfD sprechen immer wieder von »Umvolkung«.[7] Dahinter steckt eine bemerkenswerte Täter-Opfer-Umkehr, denn »Umvolkung« (oder auch »Ethnomorphose«) ist ein zentrales Schlagwort aus der nationalsozialistischen Ideologie und beschreibt die »Volkstumspolitik«, die in den eroberten Gebieten während des deutschen Vernichtungskrieges in Osteuropa umgesetzt werden sollte. Die Eroberung von »Lebensraum im Osten« war ein völkisches »staatskolonialistisches Siedlungsprojekt«, um ein »Großdeutschen Reich« bis zum Ural zu verwirklichen.[8] Siebzig Jahre später haben Rechtsextremisten den Begriff neu besetzt und behaupten, die Deutschen sollten durch Flüchtlinge ausgetauscht, also »umgevolkt« werden – und der jüdische Milliardär Soros spiele dabei eine Schlüsselrolle. So beschäftigt sich etwa das AfD-nahe *Compact*-Magazin mit George Soros und seinem »7-Punkte-Plan für den Volksaustausch«. Auch aus der AfD hört man den Begriff »Umvolkung« immer wieder.[9]

Der rechtlich nicht bindende UN-Migrationspakt ist angeblich ebenfalls Teil solcher Pläne.[10] Dieser »Global compact for migration« sorgt im Herbst 2018 in Deutschland für eine bemerkenswert große Aufmerksamkeit, nachdem sich viele Monate lang niemand für die Verhandlungen, deren Zwischenstand im Netz dokumentiert wurde, interessiert.[11] Doch Rechtspopulisten verschiedener Staaten entdecken das Thema für sich und initiieren gezielt eine Kampagne. So machen rechte US-Medien gezielt Stimmung gegen das Abkommen. Die einflussreiche Webseite Breitbart etwa berichtet im Juli 2017 über Äußerungen des ungarischen Ministerpräsidenten Viktor Orbán, der gewarnt habe,

Europa wolle Migrationspläne umsetzen, die der US-Milliardär George Soros entworfen habe. Angeblich wollten die EU und Soros jährlich eine Million Migranten nach Europa bringen, um die nationale Souveränität der Mitgliedsstaaten zu untergraben. Einzelne AfD-Politiker entdecken das Thema im Frühjahr 2018, Parteifunktionär Martin Hebner veröffentlicht eine Präsentation, in der es heißt: »Weder die etablierten Parteien noch unsere ›Qualitätsmedien‹ greifen das Thema auf. Hier liegt unsere Aufgabe und Chance.« Tatsächlich handelt es sich bei dem UN-Migrationspakt um ein Vorhaben, das seit Jahren diskutiert und verhandelt wird, die einzelnen Entwürfe für das Papier sind öffentlich zugänglich. 192 von 193 UN-Mitgliedern stimmen dem finalen Entwurf zu, nur die USA lehnen ab. Begründung: Man lasse sich die Einwanderungspolitik von niemandem vorschreiben.[12]

Der angebliche »Volksaustausch« ist nur ein Teil dessen, was Soros zugeschrieben wird. Der Nutzer Rouszcar, der das Interview mit Soros auf YouTube veröffentlichte, behauptet, Soros und seine Stiftungen hätten bei einer Reihe von Revolutionen eine Schlüsselrolle gespielt. Derzeit sei es sein Ziel, die Politik in den USA zu verändern. Tatsächlich unterstützt Soros die Demokraten, insbesondere hat er die Kandidatur von Barack Obama gefördert. Dies ist weder ein Geheimnis noch verboten. Doch die Gegenseite stellt diese Unterstützung als eine Verschwörung dar, mit der er die USA zerstören wolle. Bei der Kampagne tauchen auffallend viele falsche Zitate auf. »Ich hasse dieses Land und alle seine Bürger«, soll der Milliardär gesagt haben – zumindest behaupten das seit dem Jahr 2010 verschiedene rechte Blogs. Ähnliche Zitate kursieren im Netz. So habe Soros die US-Finanzkrise als Höhepunkt seines Lebenswerks bezeichnet. Doch Faktenchecker weisen nach: Die Zitate sind frei erfunden, in Interviews, die als Quellen angegeben werden, finden sich die Aussagen nicht.

Ganz im Gegenteil, Soros äußert in einem Gespräch, sein Ziel sei es, die Finanzkrise zu lösen.[13]

Kein Vorwurf scheint zu billig oder zu dreckig, um ihn nicht gegen Soros zu erheben. Es ist ein Best-of der Verschwörungslegenden: Soros soll sein Geld durch Drogen verdient haben oder in der Schweiz wegen satanischer Rituale mit Kindern verhaftet worden sein. Ein Haftbefehl gegen ihn gehe angeblich auf Aussagen des Ex-US-Präsidenten Obama zurück, der seit einem Monat im US-Gefangenenlager Guantanamo einsitze, unter anderem wegen seiner Beteiligung an einem Anschlag auf die US-Botschaft in Libyen. Der inhaftierte Obama wolle als Kronzeuge seine Haut retten, da er an verschiedenen schweren Verbrechen beteiligt gewesen sei. Es braucht keinen großen Aufwand, um diese Behauptungen als Hirngespinste zu enttarnen,[14] und die meisten Menschen werden sie ohnehin nicht glauben, doch in einigen Milieus gilt es längst als »Fakt«, dass Soros die Welt steuere und die politisch Verantwortlichen nur seine Marionetten seien.

Das Beispiel George Soros zeigt, was geschieht, wenn immer mehr kleine und große Lügen und Gerüchte durch die Welt geistern. Für sich genommen, sind sie nur kleine Teile, doch die einzelnen Fakes lassen sich zu einem größeren Bild zusammensetzen, immer wieder. Je mehr Legenden zur Verfügung stehen, umso mehr Möglichkeiten ergeben sich für notorische Lügner und Verschwörungstheoretiker. Und auch hier gilt wieder: Je öfter Gerüchte und Falschmeldungen wiederholt werden, umso stärker wächst die Gefahr, dass sie geglaubt werden.

Soros ist ein leicht zu treffendes Ziel: Er vertritt gesellschaftlich progressive Ansichten, verdient sein Geld aber mit Immobilienspekulationen. Dadurch sehen ihn Linke mit Argwohn. Soros ist ein Kosmopolit, der international agiert und in vielen Ländern seine Verbündeten hat. Also kann er als Bedrohung von außen dargestellt werden. Soros ist in Politik, Wirtschaft und Wissenschaft bekannt, ist aber nicht populär. Ihn umgibt damit eine Aura des Geheimen. Soros' Person lässt sich in keine Schublade stecken. Er wirkt damit auf viele suspekt. Die Angriffe auf ihn kommen von verschiedenen Seiten und seine Feinde finden sich in sehr unterschiedlichen politischen Lagern, doch zusammen bilden sie eine autoritäre Bewegung, die mittlerweile die Weltpolitik an entscheidenden Stellen mitbestimmt: Postkommunisten und Autoritäre in Russland, Ultrakonservative in den USA, europäische Verfechter einer illiberalen Demokratie wie Viktor Orbán in Ungarn oder die AfD in Deutschland. In der Türkei zieht Präsident Recep Tayyip Erdoğan eine Verbindung von Protesten der Opposition über den Bürgerrechtler Osman Kavala zu George Soros. Erdoğan wirft Kavala einen Versuch der »Spaltung der Nation« vor und behauptet, hinter ihm stehe »der berühmte ungarische Jude Soros. Dies ist der Mann, der Leute um die Welt schickt, um Nationen zu spalten«, so Erdoğan in einer Rede im November 2018.[15] Soros beendet daraufhin die Arbeit seiner Stiftung in der Türkei.

George Soros steht mit seinem liberalen Ideal der offenen Gesellschaft international massiv unter Druck. Er ist weit entfernt von einer eigenen Weltordnung, die er ja angeblich anstreben soll, stattdessen spielt er paradoxerweise eine zentrale Rolle in einer ganz anderen Weltordnung, nämlich in der Gedankenwelt einer internationalen autoritären Bewegung, in der Feindbilder weltweit funktionieren und regional angepasst werden. Global denken, lokal hetzen. Soros ist ein Feindbild für alle Fälle. Und dies funktioniert auch deswegen so gut, weil die Gegenpartei an das altbewährte Narrativ der antisemitischen Verschwörung anknüpfen kann. »Die Globalisierung soll nicht mehr nur ein Projekt der Eliten bleiben, getragen von einer kleinen Schicht internationaler Vagabunden«, schreibt der AfD-Landtagsabgeordnete Hans-Thomas Tillschneider. »Dieses internationale Vagabundentum soll nun verbreitert und popularisiert werden, weil es die Säure ist, die unsere Nationalstaaten zerfrißt.«[16] Das Zitat zeigt, wie die Denk- und Sprachmuster klassischer antisemitischen Verschwörungslegenden übernommen werden. Sie haben in den Kampagnen von Faschismus und Stalinismus eine zentrale Rolle gespielt und tun es heute in unterschiedlichsten Zusammenhängen wieder. Der Antisemitismus ist quasi der Uropa der modernen Fake News, wie wir sie derzeit beobachten. Auch wenn sich viele gezielte Falschmeldungen in Europa und den USA gegen Flüchtlinge, Menschen aus der Politik oder demokratische Institutionen wenden – und nicht gegen Juden oder den Staat Israel –, können sie dadurch doch einen antisemitischen Charakter haben. Und damit ist der Weg auch nicht mehr weit zu eindeutig antisemitischen Denkfiguren, die sich in rechten, linken und islamistischen Ideologien finden, zumeist im Kontext stereotyper Behauptungen über Juden, denen man kollektiv eine besondere Macht zuschreibt. So entstehen Verschwörungstheorien, wonach Juden Medien, Wirtschaft, Regierungen oder andere gesellschaftliche Institutionen kontrollierten. In der Figur von George Soros lässt sich all dies bündeln, er ist die Zielscheibe, auf ihn lassen sich zahlreiche klassische antisemitische Ressentiments projizieren.

Die Gemeinsamkeit antisemitischer Mythen sei ihr höchst widersprüchlicher und durch Fakten nicht zu erschütternder Inhalt, sagt der Antisemitismusforscher Samuel Salzborn von der TU Berlin. Dazu komme eine »spezifische Funktion als Reaktion auf die Moderne: Alles, was Antisemiten nicht verstehen können oder wollen, wird in Legenden und Mythen projiziert.« Am deutlichsten sei dies »an der wohl zentralsten antisemitischen Legende« zu sehen, erklärt Salzborn: dem Mythos der »jüdischen Weltverschwörung«. Dieser Mythos sei gerade in Zeiten des Internet so wandlungsfähig, dass versucht werde, damit noch den absurdesten Unsinn zu belegen. »Und das nur, weil man nicht Willens oder in der Lage ist, die abstrakte Komplexität der Moderne zu verstehen.«[17]

Auch Fake News sind eine Reaktion auf die komplexe Moderne, und sie sind ein Machtinstrument von autoritären politischen Kräften, die ihrer Anhängerschaft Eindeutigkeit und Orientierung versprechen, ebenso wie eine durch Abgrenzung definierte Identität und Gemeinschaft. Ob gezielte Falschmeldungen und Verschwörungslegenden über die angeblichen Geheimpläne zur »Umvolkung«, über den UN-Migrationspakt oder über George Soros: All diese Narrative zeichnen sich dadurch aus, dass sie stets einen inneren und äußeren Feind konstruieren und die antisemitische Denkfigur des Strippenziehers aufgreifen, jene undurchsichtige Person im Hintergrund, die Völker durch eine neue Weltordnung zerstören will.

Teilen und herrschen

Russlands Propagandastrategien

»Das Ganze ist nur eine große Ablenkung«, sagt Jared Kushner. Der Schwiegersohn und leitende Berater von US-Präsident Donald Trump behauptet im April 2019 bei einer Konferenz des *Time Magazine* in New York, Russland habe während des Wahlkampfs 2016 lediglich einige Facebook-Anzeigen geschaltet, um dadurch Unruhe zu stiften. Das sei eine schreckliche Sache, betont Kushner, um dann im nächsten Satz gleich zu relativieren: Er denke, die Untersuchung von Sonderermittler Robert Mueller in dieser Angelegenheit und all die Spekulationen hätten einen weit größeren negativen Einfluss auf die Demokratie in den USA gehabt als »ein paar Facebook-Anzeigen«.[1]

Nur ein paar Facebook-Anzeigen? Hilflose Versuche, etwas Ärger zu machen? Zwar kann Sonderermittler Robert Mueller in seinem 2019 veröffentlichten Bericht keine illegale Beziehung zwischen dem Trump-Wahlkampfteam und dem Kreml nachweisen, die Behauptung, es habe sich nur um ein paar »Facebook-Ads« gehandelt, wird jedoch durch den Bericht und die Einschätzung der US-Geheimdienste widerlegt. Tatsächlich hatte sich die Einmischung in den US-Wahlkampf 2016, soweit bislang bekannt, auf zwei Hauptaktionsfelder fokussiert. Zum einen auf eine umfangreiche Social-Media-Kampagne: 126 Millionen Menschen erreichten die russischen Anzeigen und Fake-Aktivitäten allein auf Facebook, von russischer Seite wurden mehr als 131 000 Tweets veröffentlicht und mehr als 1000 Videos bei YouTube hochgeladen.[2] Parallel dazu, als zweites Aktionsfeld, erbeuteten russische Hacker Tausende E-Mails aus der Zentrale der Demokratischen Partei, die anschließend unter anderem über die Enthüllungsplattform WikiLeaks veröffentlicht wurden.[3] Sonderermittler Mueller stellt in seinem Bericht fest, die russische Regierung sei davon ausgegangen, durch eine Trump-Präsidentschaft zu profitieren. Daher habe sie seinen Wahlkampf unterstützt[4] – beziehungsweise das getan, was Desinformation am besten kann: Personen diskreditieren, ihre Glaubwürdigkeit zerstören, sie öffentlich vorführen. In diesem Fall geriet die Präsidentschaftskandidatin Hillary Clinton ins Visier der Russen. US-Geheimdienste waren bereits Anfang 2017, also kurz nach der Wahl, zu einer ähnlichen Einschätzung gekommen: Zentral sei die Negativkampagne gegen Clinton gewesen.

Im US-Wahlkampf 2016 übernimmt die Social-Media-Kampagne eine vom Kreml unterstützte Firma in Sankt Petersburg mit dem Namen »Internet Research Agency«, kurz IRA. Der wissenschaftliche Dienst des Bundestags bezeichnet die IRA als »staatliche Trollfabrik«.[5] Ehemalige Beschäftigte berichteten zudem – unter anderem in deutschen Medien – über ihre Arbeit für die russische Propaganda-Agentur.[6] Generaldirektor ist laut russischen Medienberichten Michail Bystrov, ein Ex-Polizei-Oberst und ehemaliger Chef einer Abteilung im Innenministerium.[7] Sonderermittler Mueller stellt fest, die IRA habe bis zum Ende der US-Wahlen 2016 Millionen von US-Personen über ihre Social-Media-Konten erreichen können. Sie habe über 3500 Facebook-Werbungen gekauft und etwa 100 000 Dollar für die politischen Anzeigen ausgegeben, auch mehrere Facebook-Gruppen und Instagram-Konten gesteuert, an denen Hunderttausende in den USA teilnahmen. »Facebook schätzt, dass die IRA über ihre

Facebook-Konten bis zu 126 Millionen Menschen erreicht hat«, heißt es in Muellers Bericht. Zusätzlich habe die IRA Twitter-Konten mit »Zehntausenden von Anhängern« kontrolliert. Unter ihnen seien mehrere US-Politiker gewesen, die von der IRA erstellte Inhalte retweetet hätten.[8] Twitter gibt später bekannt, die IRA habe mehr als 3800 Konten geführt und darüber wahrscheinlich fast 1,5 Millionen Menschen erreicht. Die Konten würden gesperrt.[9]

Die Facebook-Anzeigen aus Russland lassen interessante Rückschlüsse auf die Strategie zu:[10] Das Hauptziel besteht darin, Konflikte in den USA anzuheizen. Deshalb werden Anzeigen für konkurrierende politische Gruppen geschaltet. In einem gesponserten Facebook-Posting von »Being Patriotic« wird beispielsweise im Oktober 2016 Stimmung gemacht gegen die »Black Lives Matter«-Bewegung, die sich gegen Rassismus engagiert. Ein Mann, der in Boston auf Polizisten geschossen hatte, sei ein Aktivist der Bewegung gewesen, wird in der Anzeige gesagt, eine Behauptung, die auch rechte Blogs aufgreifen.[11] Während diese Anzeigen Wut gegen Black Lives Matter schüren sollen, bewerben russische Auftraggeber gleichzeitig Inhalte bei Facebook, die sich an schwarze Menschen in den USA richten, beispielsweise Postings der Facebook-Gruppe Blacktivist, in der von einem Krieg in den USA die Rede ist. Die Gruppe sollte den Anschein erwecken, Teil der »Black Lives Matter«-Bewegung zu sein. Blacktivist ist nicht nur auf Facebook unterwegs, sondern auch auf Twitter und unterstützt Aufrufe zu realen Demonstrationen.[12]

Auch den Konflikt mit Mexiko versucht die russische Seite zu verschärfen und entwirft Anzeigen, die Amerikaner dazu aufrufen, die Südgrenze der USA gegen »Vergewaltiger, Drogendealer und Schleuser« zu sichern. »Illegale« kämen ins Land, da Barack Obama und Hillary Clinton ihnen Amnestie versprochen hätten – eine auffällige Parallele zu Deutschland, wo rechte Gruppen immer wieder behaupten, Kanzlerin Merkel habe Flüchtlinge »eingeladen«.

Die Behauptung von Trumps Schwiegersohn, Russland habe lediglich ein paar Anzeigen gekauft, relativiert den Manipulationsversuch einer ausländischen Macht also massiv. Dazu blendet Kushner die russische Geheimdienstoperation, bei der interne Dokumente der Demokraten gehackt wurden, einfach aus. Dahinter darf Kalkül vermutet werden, hatten die russischen Hacks doch dem Trump-Wahlkampf Munition gegen Clinton geliefert. Die Veröffentlichung der erbeuteten E-Mails dürfte genau geplant gewesen sein. WikiLeaks verbreitete das Material in zwei für Clinton entscheidenden Momenten: Kurz vor dem Wahlkongress, auf dem Clinton zur Spitzenkandidatin gewählt werden sollte, und einen Monat vor der Präsidentschaftswahl.

Unmittelbar vor der zweiten Veröffentlichung hatte die *Washington Post* ein Video mit Trump-Aussagen aus dem Jahr 2005 veröffentlicht: Darin prahlt der künftige Präsident mit seinem Prominentenstatus, der ihm die Freiheit gebe, Frauen zu begrapschen.[13] Nicht einmal eine Stunde nach diesem Bericht der *Washington Post* enthüllt WikiLeaks, dass es 50 000 weitere E-Mails der Demokraten erhalten habe, und veröffentlicht umgehend als erste Kostprobe rund 2000 Nachrichten des Vorsitzenden der Clinton-Kampagne.[14] Der Zeitpunkt der Publikation erhärtet den Verdacht, WikiLeaks habe von dem für Trump höchst peinlichen Video ablenken wollen.

Das Beispiel aus den USA zeigt anschaulich die Absichten der russischen Strategie: polarisieren, spalten, zersetzen. Das Ziel ist nicht, einen positiven Gegenentwurf zu bewerben, einen »Russian Way of Life«, sondern es geht allein darum, existierende Konflikte in Gesellschaften zu identifizieren und zu vertiefen. Dabei scheut sich der Kreml auch nicht, auf äußerst fragwürdige

Verbündete zu setzen, und unterstützt systematisch nützlich erscheinende Personen vor Ort – auch in Deutschland, wie das Beispiel Markus Frohnmaier von der AfD zeigt. Der *Spiegel* zitiert aus russischen Nachrichten, in denen der Bundestagsabgeordnete als ein »absolut unter Kontrolle stehender Abgeordneter« beschrieben wird.[15] Immer wieder reisen Politikerinnen und Politiker aus der AfD auf die von Russland annektierte Krim oder in die Ostukraine, wo prorussische Separatisten seit Jahren einen Krieg gegen die Ukraine führen – Reisen, die man nicht ohne Unterstützung der russischen Regierung und Geheimdienste antreten dürfte. Wenn man nun noch die zahlreichen Fake-Accounts und Sockenpuppen in den sozialen Netzwerken anschaut, die Stimmung für die AfD machen, liegt der Verdacht nahe, dass auch hier Beeinflussung aus Russland stattfindet.

Wie bereits erwähnt, hat Twitter im Rahmen der Ermittlungen zu der russischen Einflussnahme auf den US-Wahlkampf 2016 Tausende Konten identifiziert und gesperrt, die mit der russischen IRA in Verbindung stehen sollen. Danach hat man zahlreiche Daten von Profilen der russischen Trolle veröffentlicht.[16] Diese Daten umfassen auch deutschsprachige Twitter-Profile, darunter Accounts, die hierzulande bereits für Irritationen gesorgt haben. Vor der Veröffentlichung mutmaßen auf Twitter Nutzerinnen und Nutzer etwa über eine Bot-Armee, die CDU-freundlich gesonnen sei.[17] Diverse russische Profile geben sich als junge Frauen aus – »Maria«, »Margareth« und »Tina« beispielsweise. Diese mischen sich in aktuelle Diskussionen über politische Talkshows im deutschen Fernsehen ein und twittern gezielt Politikerinnen und Politiker an, darunter Renate Künast, Christian Lindner und Peter Tauber. Eine Christina Pool6 schreibt zum Beispiel am 12. August 2016 in fehlerhaftem Deutsch an den CDU-Generalsekretär Peter Tauber: »Hätten Sie was dagegen, wenn die

Jugend auch weiter für Merkel wird? #JugendmitMerkel«. Neben dem seltsam klingenden Schlagwort »#JugendmitMerkel« setzen die russischen Trolle bereits im Juli 2016 den Hashtag »#merkelmussbleiben« auf Twitter ein und hieven diesen in die Trending Topics, das heißt in die Rangliste der zu diesem Zeitpunkt am häufigsten benutzten Schlagworte. Um diese eigenen Tweets weiter zu verbreiten, benutzen die Trolle zudem Hashtags, die gerade populär sind, beispielsweise #girlstalkselfies oder #CarPoolKaraoke. So twittert eine Margareth Kurz an diesem Tag: »Mittelstand und Industrie bilden das Rückgrat unserer Wirtschaft #Merkelmussbleiben #CarpoolKaraoke«. Und ein Peter Kistner, dessen Profil ebenfalls als russischer Troll identifiziert wurde, verkündet: »#Merkel bewältigt ihre Arbeit #Merkelmussbleiben #girlstalkselfies«.

Die russischen Trolle sind viele Monate aktiv, sodass der Verdacht aufkommt, die CDU selbst stecke hinter diesen Accounts.[18] Eine Spekulation, die wiederum die russischen Trolle aufgreifen. Sie verbreiten einen Tweet, in dem es heißt, die CDU habe eine Bot-Armee aufgestellt. Die Strategie ist geradezu hinterhältig: Russische Fake-Accounts twittern plump für die CDU und verbreiten danach den Verdacht, es gebe eine Bot-Armee der Christdemokraten. Hinterher stellt sich heraus: Der Verdacht gegen die CDU ist falsch. Die analysierten Daten aus den USA zeigen, dass es sich um russische Trolle handelt, die international aktiv sind.

Wie in den USA ist es offenkundiges Ziel der Trolle, Diskussionen zu polarisieren und politische Debatten anzuheizen. Denn während sie auf Deutsch vorgeblich Stimmung für Merkel machen, verbreiten sie auf Englisch Inhalte, die sich sehr klar gegen die Kanzlerin richten. So machen entsprechende Profile Merkel direkt verantwortlich für den Anschlag im Münchner Olympia-Einkaufszentrum im Juli 2016, für die Terrorattacke am Berliner Breitscheidplatz im Dezember 2016 sowie für sexuelle Übergriffe durch Flüchtlinge. Häufig setzen sie Hashtags wie #RefugeesNotWelcome und #IslamKills ein oder bezeichnen die Kanzlerin als die »deutsche Hillary Clinton« – eine weitere Parallele zum US-Wahlkampf.

Zu den erfolgreichsten Troll-Profilen der russischen Internet Research Agency gehört »Jenna Abrams«.[19] In ihren drei Jahren auf Twitter sammelt sie eine internationale Gefolgschaft von mehreren Zehntausend Accounts um sich, einige ihrer Tweets erscheinen als Zitate in der *New York Times*, bei CNN und Breitbart. Auf Twitter liefert sie sich Diskussionen mit Prominenten. Der russische Troll-Account ist es auch, der eine der bekanntesten Falschmeldungen über Merkel im März 2016 international verbreitet. Die Behauptung: Ein syrischer Flüchtling, der ein Selfie mit Merkel gemacht hatte, habe einen Terroranschlag in Brüssel verübt. Kurz nachdem rechtsradikale deutsche Medien diese Falschmeldung samt Foto veröffentlichen, steigt auch »Jenna« auf das Thema ein.[20] Ihr Tweet dazu wurde mehr als 1000 Mal geteilt und auf der ganzen Welt verbreitet. In Russland ist es ein Journalist der bekannten Zeitung *Komsomolskaja Prawda*, der diese gezielte Falschmeldung weiter verteilt. Online-Portale in Osteuropa übernehmen die Fake News ebenfalls und beziehen sich dabei auf das russische Troll-Profil Jenna Abrams. Die russischen Trolle verbreiten zudem Falschmeldungen über eine Brandstiftung an einer Dortmunder Kirche durch Muslime und eine angeblich durch die Regierung forcierte Zensur in Deutschland.

Ohne größeren Widerhall bleiben mehrere vermeintliche Lokalnachrichtenseiten, die von den russischen Trollen aufgebaut wurden. Sie nennen sich »HamburgBote«, »BerlinBote« oder »DresdenBote«.[21] Möglicherweise sollten die Seiten später einmal aktiviert werden, um eine regionale Berichterstattung zu ermöglichen und somit durch eine lokale Verankerung die Glaubwürdigkeit zu erhöhen. Es lässt sich allerdings nur spekulieren, warum dieser Plan wieder verworfen wurde. Tatsächlich werden wohl viele solcher Fragen unbeantwortet bleiben: Kurz vor der Bundestagswahl verstummen die 2752 identifizierten Accounts. Twitter hat sie gelöscht – ein Schritt, der in einer wissenschaftlichen Untersuchung kritisiert wird, da dies die Analyse der Troll-Netzwerke erschwere.[22]

Internationale Forschungsteams kommen in ihren Untersuchungen zwar zu dem Schluss, Deutschland und die USA seien die Hauptaktionsfelder der russischen Trolle, natürlich sind diese aber auch andernorts aktiv: Beispielsweise publiziert das Digital Forensic Research Lab (DFRLab) – ein Ableger der US-Denkfabrik Atlantic Council[23] – Ende 2017 eine Analyse über prorussische Troll-Aktivitäten während des Wahlkampfs um das schottische Unabhängigkeitsreferendum im Jahr 2014.[24] Die Konten hätten so agiert wie die als russische Trolle identifizierten Accounts bei der US-Präsidentschaftswahl zwei Jahre später. Kurz nachdem die ersten Hochrechnungen zum schottischen Referendum veröffentlicht werden, kursieren im Netz massenhaft Vorwürfe, es habe bei der Stimmenauszählung Manipulationen gegeben. Dieses Motiv des angeblichen Wahlbetrugs ist – wie bereits geschildert – ein fester Bestandteil jedes Playbooks, um demokratische Abstimmungen unglaubwürdig zu machen. Besonders viele Zugriffe, nämlich mehrere Hunderttausend, verzeichnet ein Video der »Elite NWO agenda«. Wie der Name nahelegt – die New-World-Order-Theorie klingt hier an –, werden darin verschwörungstheoretische Inhalte verbreitet. Die BBC widerlegt die Behauptung aus dem Video, die Abstimmung sei manipuliert gewesen, und verweist darauf, dass Tausende Personen, die bei Wahlen helfen oder den Ablauf beobachten, aus verschiedenen politischen Lagern und dem In- sowie Ausland keine Hinweise auf Wahlfälschung bemerkt hätten.[25] Dennoch werden die Legenden weiter verbreitet. Die Analysten des DFRLab stellen fest, dass das betreffende Video anfangs stark von prorussischen Konten geteilt wurde. Eins der genannten Konten ist bis heute aktiv und hat bis Mai 2019 stolze 410.000 Tweets abgesetzt.[26] Thematisch geht es in den Tweets um Venezuela, Nahost, Syrien, die Ukraine, den Abschuss der malaysischen Passagiermaschine MH17 in der Ostukraine, Doping bei russischen Sportlern, Mord an Oppositionellen in Russland und die politische Lage in Großbritannien – bei allen Bereichen stets eng der russischen Regierungslinie folgend.

Das Konto twittert das Video mit dem Betrugsvorwurf beim Schottland-Referendum innerhalb von 90 Minuten sechsmal und richtet die Tweets mit der @-Funktion, mit der andere direkt »angetwittert« werden, jeweils an unterschiedliche Adressen. Auch diese Strategie fällt bei ähnlichen Konten in Deutschland auf. Die Analysten beobachten weitere Accounts, die zumeist auf Russisch, aber auch auf Englisch twittern, zunächst fast ausschließlich zum Konflikt in der Ukraine und dann plötzlich auch zum Referendum in Schottland.

Offen bleibt allerdings, wie viele der prorussischen Propaganda-Accounts tatsächlich von der Agentur in Sankt Petersburg gesteuert werden und wie häufig echte Menschen dahinterstecken, die die russische Politik unterstützen. Die hohe Frequenz und die offenkundig teilweise automatisierte Veröffentlichung sprechen jedoch für eine professionelle Betreuung. Das zeigt sich auch darin, wie neue Kampagnen verbreitet werden: Troll-Accounts verbinden bereits bekannte Schlagwörter, beispielsweise zum Krieg in Syrien oder der Ukraine, mit neuen Begriffen wie »#ScottlandDecides«. Diese Tweets werden dann von anderen Konten automatisiert retweetet. Dadurch wird die Reichweite erhöht, und andere Troll-Accounts können die neuen Hashtags zu den neuen Kampagnenthemen übernehmen. Wichtig auch hier: Social Bots setzen keine Themen, sondern nehmen Signale auf und vergrößern die Reichweite von Inhalten und Kampagnen, die sie als fleißige und loyale Helfer flankieren.

Beim Brexit-Referendum im Sommer 2016 beobachten Analysten ähnliche Phänomene, woraufhin das britische Unterhaus einen Ausschuss einsetzt, der Desinformation und Fake News bei Abstimmungen untersucht. Im Juli 2018 legen die Abgeordneten einen von mehreren Zwischenberichten vor und veröffentlichen diesen im Netz.[27] Bemerkenswert ist, wo dieser Report auf besonders großes Interesse stößt: Er sei vor allem in Russland abgerufen worden, teilt später das britische Unterhaus mit. Das würden die IP-Adressen – also die Nummern, die Geräten im Internet jeweils bei der Benutzung zugewiesen werden – beweisen. Demnach kamen knapp 20 Prozent der Online-Zugriffe aus Moskau, gefolgt von London mit knapp 18 Prozent und Sankt Petersburg mit knapp drei Prozent.[28]

Auch bei dem Referendum in Katalonien 2017 provoziert Russland durch eine Mischung aus irreführenden Informationen und Desinformationen. Das britische Unterhaus schreibt im Abschlussbericht: »Wir haben Beweise gehört, die gezeigt haben, dass Russland ein besonderes Interesse hat, das spanische demokratische System, zu diskreditieren.« Außerdem habe Russland die Unterstützer der Unabhängigkeit Kataloniens unterstützt.

Noch einmal: Das Ziel der russischen Seite besteht nicht darin, eine positive Alternative zu propagieren, sondern es geht darum, Konflikte anzuheizen, die Öffentlichkeit zu verwirren und die öffentliche Meinung zu manipulieren. Und zu den Waffen in diesem Informationskrieg gehören längst nicht nur die Trolle,

Fake-Accounts, Anzeigen und falschen Aktivisten, sondern auch die staatlich finanzierten Auslandsmedien. Deren Mittel werden gebündelt und im Rahmen einer größeren Strategie genutzt, die in etwa so aussieht: Politikerinnen und Politiker wie beispielsweise der russische Außenminister verbreiten widersprüchliche oder falsche Sachverhalte, die russischen Staatsmedien berichten ausführlich darüber und die Troll-Accounts als Fußvolk verbreiten die jeweiligen Narrative in den sozialen Netzwerken. Und weil Russland vor allem die Polarisierung sucht, hat der Kreml mittlerweile auch linke Medien im Portfolio, die von Berlin aus in die Welt senden. Sie heißen »Redfish«, »Waste-Ed« oder »Soapbox« und treten für Umweltschutz sowie die Rechte von Lesben und Schwulen ein – allerdings nicht in Russland, versteht sich.[29]

Die Grenzen zwischen Fiktion und Wirklichkeit, zwischen Realität und alternativen Fakten werden auf diese Weise immer weiter verwischt. Die Politologin Susanne Spahn analysiert die Arbeit der vom russischen Staat finanzierten Auslandssender RT Deutsch und Sputnik. Für die FDP-nahe Friedrich-Naumann-Stiftung erstellt sie eine Studie und erklärt das Selbstverständnis dieser Medien so: »Die Informationspolitik der russischen Führung ist Teil der hybriden Kriegsführung, die seit Anfang 2014 in der Ukraine-Krise zu beobachten ist.« Die Absicht der russischen Propaganda sei eindeutig: Die in der deutschen Gesellschaft ohnehin vorhandene Skepsis gegenüber Medien und demokratischen Institutionen werde instrumentalisiert, um einen »Vertrauensverlust der Bevölkerung in Deutschland« zu bewirken, einen Vertrauensverlust »gegenüber der Regierung, der NATO, der EU, den Medien und der Demokratie. Während im autoritär regierten Russland die Informationen größtenteils kontrolliert werden, nutzt die russische Führung offene Gesellschaften wie die deutsche, um dort Zweifel und Unsicherheit zu säen.«[30]

Wann hat Russland mit dieser Strategie begonnen? Der Krieg 2008 in Georgien sei der Schlüsselmoment für den Kreml gewesen. Zu diesem Schluss kommt die Journalistin und Osteuropa-Expertin Silvia Stöber.[31] Die russische Führung habe sich damals in den internationalen Medien zu wenig und falsch dargestellt gesehen und habe daraufhin ihre Informationspolitik neu ausgerichtet. Eine Aussage der Chefredakteurin des staatlich finanzierten Auslandssenders Russia Today, Margarita Simonjan, bestätigt dies. Parallel zu den Kriegshandlungen in Georgien hätte sie mit ihren Kolleginnen und Kollegen einen »Informationskrieg« gegen die ganze westliche Welt führen müssen, erklärt Simonjan. Aus dieser Erfahrung habe man gelernt. So wie das Verteidigungsministerium in Friedenszeiten Waffen für Kriege bereithalte, müssten die Medienschaffenden die Informationswaffen für Krisenzeiten in Stellung bringen. Ziel sei es, ein immer größeres Publikum zu erreichen, damit man in einer Situation, in der es womöglich einmal kritisch werde in der russischen Gesellschaft, eine Öffentlichkeit ansprechen könne, die sich bei RT über die »andere Seite der Wahrheit« informiere – »und natürlich werden wir das nutzen«.[32] Wie diese Strategie der hybriden Kriegsführung funktioniert, lässt sich an der Berichterstattung zum Syrienkrieg sehen, wo Russland »alternative Fakten« zum Einsatz von Giftgas unter die Menschen bringt. Präsident Baschar al-Assad regiert weiterhin in Syrien und festigt mithilfe des großen Verbündeten Russland seine Macht. Zahlreiche Kriegsverbrechen werden wohl ungesühnt bleiben: Eine vom UN-Menschenrechtsrat eingesetzte unabhängige internationale Untersuchungskommission dokumentiert für den Zeitraum zwischen 2013 und Ende 2017 mehr als 30 Chemie-Attacken in dem Land. Mindestens 25 davon gehen demnach auf das Konto des syrischen Militärs, bei den restlichen lassen sich die Verantwortlichen nicht eindeutig ermitteln.[33] Für die meisten dieser Attacken interessiert sich kaum noch jemand. Ein Giftgasangriff aus dem April 2018 sorgt hingegen bis heute für internationales Aufsehen und wird insbesondere von russischen Medien immer wieder thematisiert, um das syrische Regime zu verteidigen. Dabei verkauft die größte russische Nachrichtensendung ihrem Publikum sogar Ausschnitte aus einem syrischen Spielfilm als authentisches Bildmaterial, um damit zu beweisen, dass die Giftgasangriffe inszeniert waren.[34]

Das Muster wiederholt sich: Sobald die russische Regierung unter Druck gerät oder sich andernorts politische Krisen abzeichnen, setzt sich die Propagandamaschinerie in Gang, um Informationen zu verwischen, die Konflikte zu verschärfen und Gräben zu vertiefen. Eine destruktive, skrupellose und verantwortungslose Strategie, die blutige Konsequenzen nach sich ziehen kann.

Selbstjustiz, ethnische Konflikte und Kriege

Wenn Fake News töten

Über den Effekt von Fake News wird viel diskutiert und spekuliert, doch ehrlicherweise muss man wohl feststellen: Politische und gesellschaftliche Prozesse lassen sich zwar beschreiben und interpretieren, niemand schafft es aber, exakt zu vermessen, welche zerstörerischen Konsequenzen Propaganda und gezielte Lügen kurz-, mittel- und langfristig haben können. Dafür sind Gesellschaften viel zu komplex. Die direkte und fatale Wirkung von Gerüchten und gezielten Falschmeldungen zeigt sich aber insbesondere dort, wo Konflikte ohnehin bereits offen ausgetragen werden und wo durch Fake News unmittelbar neue Gewalt provoziert wird.

In Nigeria beispielsweise brechen immer wieder Gewaltexzesse aus. Sie basieren auf ethnischen, sozialen und religiösen Spannungen. Diese Konflikte, so sagen die Polizeibehörde und Fachleute, werden durch Fake News gezielt geschürt. Liken, teilen, töten – das ist das Prinzip. Die nigerianische Polizei schätzt, dass falsche Informationen und manipulierte Bilder auf Facebook allein im Sommer 2018 zu mehr als einem Dutzend Morden im Plateau State beigetragen haben, einem Gebiet, das bereits von ethnischer Gewalt heimgesucht wurde. Nachdem die BBC im Rahmen einer großen Recherche zu dem Thema Facebook kontaktiert, reagiert das Unternehmen.[1] Es ist ein Klassiker bei der Unternehmensstrategie: Der Konzern bewegt sich erst dann, wenn andere auf Missstände hinweisen und öffentlicher Druck wächst. Facebook verkündet in solchen Fällen verschiedene Maßnahmen und verspricht Besserung, aber grundsätzlich ändert sich wenig – und von Transparenz kann ohnehin keine Rede sein. Im Fall der BBC-Recherche deaktiviert Facebook das Konto eines Mannes in Großbritannien, der Fake News über Nigeria veröffentlichte. So waren Bilder aufgetaucht, die brutalste Gewalt zeigen – unter anderem gegen ein Kleinkind, das mit einer Machete getötet wird. Das grausame Bild ist echt, stammt aber aus dem Jahr 2012 und wurde im Kongo aufgenommen, nicht in Nigeria im Jahr 2018. Doch auf Facebook verbreitete sich tausendfach die Meldung, das Foto zeige eine aktuelle Gewalttat im Konflikt zwischen christlichen Bauern und muslimischen Nomaden.[2] Wegen solcher Bilder kocht die Wut, der Ruf nach Rache wird laut. »Menschen blockierten Straßen. Menschen starben. Gefälschte Nachrichten auf Facebook bringen Menschen um«, sagt ein Sprecher der nigerianischen Polizei gegenüber der BBC.

Der bewusste Einsatz von Desinformationen beschränkt sich in Nigeria jedoch nicht nur auf Social-Media-Plattformen, sondern gehört auch zur Strategie der etablierten Medien. In Radio- und Fernsehsendungen verbreiten verschiedene politische Gruppen regelmäßig eine gefährliche Mischung aus Wahrheit, Halbwahrheiten und Unwahrheiten. So wird im Wahlkampf 2017 beispielsweise eine Nachricht in die Welt gesetzt, nach der Nigerias Präsident Muhammadu Buhari unter einer falschen Identität agiere, eigentlich heiße er Jubrin und stamme aus dem Sudan. Eine wahnwitzige Geschichte, die erstmals 2017 auf YouTube auftaucht und sich danach rasant verbreitet. Im Dezember 2018 muss der Präsident sogar während eines Besuchs in Polen öffentlich reagieren, weil Gerüchte die Runde machen, er sei tot und durch den Doppelgänger aus dem Sudan ersetzt worden.

Präsident Muhammadu Buhari erklärt deshalb in einer Twitter-Botschaft, dass er noch am Leben und wirklich er selbst sei.[3] Doch sogar einige seiner eigenen Anhänger halten die Verschwörungstheorien für plausibel, wonach Buhari durch einen Klon ersetzt worden sei. Sie meinen, der echte Präsident wäre wirksamer gegen eine Wirtschaftskrise vorgegangen.[4]

Dass Fake News auch bei zwischenstaatlichen Konflikten als Mittel zur Bekämpfung der Gegenseite eingesetzt werden, ist wahrlich nichts Neues. Besonders gefährlich aber wird es, wenn sich zwei Atommächte gegenüberstehen: so beispielsweise Indien und Pakistan. Im Februar 2019 stehen die beiden Länder mal wieder am Rande eines Krieges, erneut entzündet sich die Konfrontation an dem Status der Provinz Kaschmir. Indien meldet zunächst einen Luftangriff auf ein mutmaßliches Terrorcamp in Pakistan – als Reaktion auf einen Selbstmordanschlag in Kaschmir zwei Wochen zuvor, bei dem mehr als 40 indische Sicherheitskräfte getötet wurden. Die Regierung in Islamabad behauptet wiederum, zwei Kampfjets der indischen Luftwaffe abgeschossen zu haben. Was davon stimmt, lässt sich kaum verifizieren, die wahren Ereignisse gehen in einer Flut von Falschmeldungen und gegenseitigen Vorwürfen unter. Beide Seiten veröffentlichen Bilder, die die jeweilige Version der Ereignisse belegen sollen. In sozialen Netzwerken tauchen Videos auf, die angeblich den Einsatz der Kampfjets zeigen. Dabei handelt es sich allerdings um Aufnahmen aus dem Jahr 2014. Zudem kursieren Bilder und Videos, die tanzende Soldaten aus Indien dokumentieren. Es wird behauptet, diese feierten den Angriff auf Pakistan. Tatsächlich ist das Video aber spätestens seit März 2018 online, also bereits ein Jahr alt. Ebenfalls eine Fälschung ist eine Aufnahme, die angeblich den indischen Angriff auf das Terrorcamp zeigt. Es handelt sich um Material aus einem Videospiel aus dem Jahr 2015.[5]

Indien ist ohnehin massiv mit Fake News konfrontiert. WhatsApp schränkt im Januar 2019 auf Drängen der Regierung sogar die Funktion zur Weiterleitung von Nachrichten ein. Doch die Wirkung sei begrenzt, sagt Pratik Sinha, der Gründer der indischen Faktenchecker-Webseite altnews. Er wirft der Politik vor, Teil des Problems zu sein: »Selbst Parlamentsmitglieder verbreiten falsche Informationen. Und das kann WhatsApp nicht lösen, indem es ein paar Anwendungen ändert.«[6]

Auch in Indien sterben Menschen, weil sich Gerüchte über Verbrechen ungebremst verbreiten und Fake News ihr zerstörerisches Werk verrichten können: Über WhatsApp wird behauptet, es seien Kindesentführer unterwegs. Diese Geschichten führen zu Selbstjustiz und Lynchmorden, bei denen vollkommen unbeteiligte Personen attackiert und zu Tode geprügelt werden. Der Innenminister des Bundesstaates Maharashtra ruft im Juli 2018 im indischen Fernsehen daher zur Besonnenheit auf: »Jeder, der sich an so etwas beteiligt, wird hart bestraft werden.« Er appelliert an die gesamte Bevölkerung, nicht alles zu glauben, was über die sozialen Netzwerke verbreitet wird.[7]

In Myanmar stacheln Militärs jahrelang die Verfolgung und den Massenmord an den Rohingya durch Fake News gezielt an. Sie setzen Fake-Konten ein, verbreiten Gerüchte und Lügengeschichten. Diese stellen den Islam als globale Bedrohung für den Buddhismus dar und beschreiben angebliche Vergewaltigungen von buddhistischen Frauen durch Muslime. In seinen Anfangstagen war Facebook einmal mit der Idee angetreten, Menschen miteinander zu verbinden, nun verwandeln Urheber von Desinformationskampagnen das Netzwerk in ein mächtiges Instrument, um sogenannte ethnische Säuberungen vorzubereiten. Menschenrechtsgruppen geben der Anti-Rohingya-Propaganda eine große Mitschuld für die Vertreibungen und Massenmorde, die in der zweiten Jahreshälfte 2017 ihren Höhepunkt erreichen. Facebook bestätigt Details, wonach die Kampagne von einer Schattenarmee des Militärs betrieben wurde. Eine Reihe von hochrangigen Militärs, darunter den Armeechef, sperrt Facebook nach der Veröffentlichung eines entsprechenden UN-Berichts. Darin dokumentieren Mitglieder einer Fact-Finding-Mission eine systematische Vorbereitung und Durchführung von schwersten Verbrechen gegen die Rohingya.[8]

Die Gefahr durch Desinformation und Fake News ist ein weltweites Phänomen und beschäftigt deshalb auch die Vereinten Nationen: Vertreterinnen und Vertreter der UN unterzeichneten bereits 2017 gemeinsam mit Abgesandten der Organisation für Sicherheit und Zusammenarbeit in Europa (OSZE), der Organisation Amerikanischer Staaten (OAS) und der Afrikanischen Kommission für Menschenrechte und Rechte der Völker (ACHPR) eine Erklärung, um angesichts der Gefahren für den Frieden in vielen Regionen der Welt vor der zunehmenden Verbreitung von Desinformationen und Propaganda in sozialen Medien zu warnen.[9]

Bestimmte Formen von Desinformation und Propaganda, die sowohl von staatlichen wie von nichtstaatlichen Akteuren betrieben würden, könnten Menschen diskreditieren, sie in ihrer Privatsphäre verletzen oder sogar zu Gewalt, Diskriminierung oder Feindseligkeiten gegen bestimmte Gruppen führen, heißt es in der Erklärung. Die Unterzeichner betonen die Verantwortung von Staaten, die Meinungsfreiheit und den Schutz eines unabhängigen Journalismus zu garantieren. Beklagt wird der Versuch mancher Regierungen, Meinungsverschiedenheiten zu unterdrücken und die öffentliche Kommunikation zu kontrollieren. Dazu gehörten repressive Vorschriften für die Einrichtung und den Betrieb von Medien und Webseiten, Eingriffe in den Betrieb öffentlicher und privater Medien, die Behinderung von

Journalistinnen und Journalisten durch Verweigerung von Akkreditierungen oder durch politisch motivierte Strafverfolgung, unangemessen restriktive Gesetze darüber, welche Inhalte nicht verbreitet werden dürfen, die willkürliche Verhängung von Ausnahmezuständen, technische Kontrollen digitaler Technologien wie Blockieren, Filtern und Schließen digitaler Räume. Die Beschränkungen der Meinungsfreiheit sowie staatlich angeordnete Sperrungen von Webseiten, IP-Adressen, Ports oder Netzwerkprotokollen seien extreme Eingriffe, die nur dann gerechtfertigt werden könnten, wenn sie gesetzlich vorgesehen zum Schutz eines Menschenrechts oder eines anderen legitimen öffentlichen Interesses erforderlich seien. Allerdings dürfe der Kampf gegen Desinformation nicht zum Vorwand genommen werden, um Zensur oder die Beschränkung der Meinungsfreiheit zu legitimieren.

Die UN-Erklärung fordert die Staaten außerdem dazu auf, Maßnahmen zur Förderung der Medien- und Digitalkompetenz zu ergreifen, unter anderem durch die Einbeziehung dieser Themen in den regulären Schulunterricht und durch die Zusammenarbeit mit der Zivilgesellschaft. Um Hassinhalten zu begegnen, sollen sich die Staaten zudem um die Förderung von Gleichstellung, Nichtdiskriminierung, interkulturellem Verständnis und anderen demokratischen Werten kümmern. Als wichtiges Mittel zur Bekämpfung von Desinformation und Propaganda heben die Vereinten Nationen gemeinsam mit den anderen Unterzeichnern insbesondere die Medienvielfalt hervor. Die Medien selbst sollten in Erwägung ziehen, noch viel kritischer und intensiver über Desinformation und Propaganda zu berichten, insbesondere bei Wahlen. Dabei sei eine Kooperation mit Zivilgesellschaft und Wissenschaft wichtig.[10]

Mit Blick auf Deutschland und Europa sind genau solche Projekte und Netzwerke in den vergangenen Jahren aufgebaut und geknüpft worden: Zu den journalistischen Projekten wie Correctiv, mimikama oder dem ARD-Faktenfinder kommt die Arbeit von Stiftungen und Hochschulen. So haben sich zum Beispiel vor der EU-Parlamentswahl im Mai 2019 verschiedene europäische Hochschulen zu dem Projekt EUFactcheck.eu zusammengeschlossen.[11] Die EU-Kommission hat eine High-Level-Group einberufen, eine Expertenkommission, in der Personen aus Medienhäusern, Internetkonzernen und Wissenschaft vertreten sind, um gemeinsam mit Fachpolitikerinnen und Fachpolitikern über Maßnahmen gegen Desinformation zu diskutieren und einen Abschlussbericht mit Empfehlungen für die Politik vorzulegen.[12] Solche Maßnahmen werden den Kampf gegen Fake News zwar nicht allein entscheiden, aber sie weisen allesamt auf die bedeutende Rolle hin, die Medien im digitalen Zeitalter als Dienstleister für Demokratie und Menschenrechte spielen können – wenn sie denn wollen.

Desinformation und Fake News

Wie sich das politische Klima wandelt

Fake News und Verschwörungslegenden lassen sich nicht voneinander trennen. Sie bilden einen Sumpf der Desinformation, in dem Differenzierung und faktenbasierte Argumentation keinen Halt finden und schließlich versinken. Sie sind zugleich der Treibstoff von autoritären Bewegungen, die zum Sturm auf den demokratischen Rechtsstaat blasen, und selbst das Produkt einer Postmoderne, die sie eigentlich bekämpfen.

Fake News wüten nicht nur in den dunklen Schmuddelecken der sozialen Medien, sondern sind längst Mittel der großen Politik geworden: Donald Trump gewann 2016 damit die US-Präsidentschaftswahlen. Die Brexit-Bewegung setzt in ihrer Leave-Kampagne auf Lügen und Übertreibungen, Viktor Orbán stachelt die Ungarn mit dem Feindbild George Soros auf und errichtet mit den Mitteln der Desinformation seine »illiberale Demokratie«. Russland verbreitet Fake News und Lügen zum Krieg in Syrien, in der Ukraine oder anderen internationalen Konflikten und versucht Diskussionen in anderen Staaten durch seine hybride Strategie zu manipulieren – auch und gerade in Deutschland. Hierzulande sowie in Österreich und der Schweiz setzen »alternative Medien« viele Themen, etablierte Medien greifen diese dann auf. In Belgien zerbricht die Regierung nach einer Welle der Desinformation zum UN-Migrationspakt. In Polen glauben viele Menschen, in Deutschland herrsche Bürgerkrieg auf den Straßen, obgleich die

Kriminalitätsrate kontinuierlich sinkt. Die Wahrnehmung entkoppelt sich zunehmend von der Realität.

Ob falsche Zahlen, manipulierte Bilder, grob irreführend interpretierte Angaben oder journalistische Fehler, die für Falschmeldungen – beispielsweise über angebliche Randale bei Stadtfesten – ausgenutzt werden, ob Fake-Konten von angeblichen Studentinnen oder Social Bots, ob Attacken auf demokratische Institutionen, Medien, Wissenschaft oder das gegnerische politische Lager, ob in Deutschland, den USA oder Indien: Fake News lassen sich nicht auf eine Form reduzieren, auf eine bestimmte Region oder ein bestimmtes Milieu. Sie können überall auftauchen. Fake News sind kein klar zu fassendes Phänomen, sondern eine Aktionsform, ein Mechanismus. Sie sind anpassungsfähig, kompatibel zueinander und lassen sich beliebig kombinieren. Fake News bauen aufeinander auf und bilden am Ende ein großes Referenzsystem: Die Gerüchte, Lügen und Legenden über George Soros sind das beste Beispiel, sie funktionieren wie ein Baukasten, aus dem sich jeder bedienen kann, um passende Beispiele in die eigene Erzählung einzubauen – und neue Elemente hinzuzufügen.

Keine Frage: Der Begriff Fake News ist schwammig und längst zum politischen Kampfbegriff geworden, viele Expertinnen und Experten sprechen lieber von Desinformation oder eben gezielten Falschmeldungen. Doch gleichzeitig verstehen viele Menschen den Begriff Fake News, sie erfassen dadurch, dass es sich bei einem Inhalt um gezielte Falschinformationen handelt. Die enorme Bedeutung von Verständlichkeit sollte nicht unterschätzt werden – und manchmal ist dies wichtiger als die (durchaus berechtigten) Bedenken gegenüber einem Begriff, der nicht ganz akkurat erscheint oder wissenschaftliche Kriterien nicht in jeder Hinsicht erfüllt.

Gezielte Falschmeldungen sind Mittel zum Zweck, um »alternative Fakten« zu etablieren, auf denen eine »alternative Realität« aufgebaut wird. Sie entfalten nur als Teil eines größeren Narrativs eine nennenswerte Wirkung. Geschlossene Narrative oder sogar Verschwörungslegenden immunisieren zusätzlich vor Kritik: Wenn jemand erst einmal davon überzeugt ist, dass die Medien sowieso alle von George Soros oder Angela Merkel gesteuert werden, um die Menschen zu manipulieren, können sämtliche Meldungen, die dem eigenen Weltbild widersprechen, einfach als Lügen abgetan werden. Bemerkenswerterweise werden hingegen Inhalte von etablierten Medien oder wissenschaftliche Stimmen von Personen, die Verschwörungstheorien Glauben schenken, gerne zitiert, wenn sie in das eigene Weltbild passen. Es geht also weniger um rationales kritisches Nachdenken, sondern eher um ein quasireligiöses Glauben und eine schablonenhafte Rezeption von Informationen und Eindrücken.

Wenn Menschen sich die komplexe Realität in solche Referenzsysteme eingeteilt haben, folgt daraus eine höchst selektive und verzerrte Wahrnehmung aller äußeren Einflüsse. Jegliche Informationen und Eindrücke werden in ein festes Schema gepresst, wodurch das eigene Weltbild immer wieder bestätigt wird. Dieses Gefühl der Selbstbestätigung verleiht Fake News und Verschwörungstheorien eine hohe Attraktivität, denn sie funktionieren wie eine Betäubung von kognitiven Dissonanzen. Die Sozialpsychologie benutzt den Begriff der »kognitiven Dissonanz«, um einen als unangenehm empfundenen Gefühlszustand zu beschreiben, der entsteht, wenn ein Mensch mit unvereinbaren Wahrnehmungen, Gedanken, Meinungen, Einstellungen, Wünschen oder Absichten konfrontiert ist. Da die moderne Welt nicht nur komplex, sondern auch oft widersprüchlich ist, stoßen einfache sowie monokausale Erklärungen schnell an ihre Grenzen.

Menschen, die nach Übersichtlichkeit streben und die sich

durch widersprüchliche Perspektiven oder rasante Veränderungen überfordert fühlen, schaffen sich durch Fake News Ordnung. Daher verbreiten meist eher ältere Menschen mit autoritären Einstellungen Falschmeldungen. Die Forschung hat außerdem gezeigt, dass sich radikale Menschen besonders schwer damit tun, Fehler einzugestehen. Sie versuchen die Unvereinbarkeit ihrer dogmatischen Weltsicht mit der komplexen Realität aufzulösen, indem sie sich selektiv mit Informationen versorgen. Dadurch können sie es vermeiden, sich selbst Widersprüchlichkeiten einzugestehen.[1] Fake News fungieren als ein Schutzschirm für fragile Weltbilder, die auf wenigen einfachen Annahmen basieren.

Die wenigsten Menschen wollen mit ihrer Meinung allein sein. Wir alle suchen nach Zuspruch und nach Gleichgesinnten, mit denen wir unsere Rezeption der Welt teilen können. Noch wichtiger ist es für viele Menschen, zu einer vermeintlichen Mehrheit zu gehören. Daher berufen sich populistische Politikerinnen und Politiker gerne auf »das Volk«, das sie vertreten würden – und vermitteln ihren Anhängern so das Gefühl, eine »schweigende Mehrheit« zu sein, obwohl es sich in Wirklichkeit um eine lautstarke Minderheit handelt. Im Netz allerdings prallen sehr verschiedene Perspektiven und Meinungen oft ungebremst aufeinander, die unmittelbare Konfrontation mit politisch vollkommen andersdenkenden Personen schlägt dann schnell in Aggressivität um. Zudem gerät die Fake-Wohlfühloase durch Widerspruch und Faktenchecks in Gefahr. Um eine sachliche Auseinandersetzung zu vermeiden, wechseln daher jene, die Fake News Glauben schenken, auf die persönliche Ebene und versuchen, die Glaubwürdigkeit von Personen aus der Wissenschaft, Journalismus oder Politik zu beschädigen. Diese werden der Lüge oder der Verschwörung gegen die Wahrheit bezichtigt, um die eigenen »alternativen Fakten« zu schützen.

Die Sehnsucht, Komplexität zu reduzieren, ist ein Phänomen, das massenhaft auftaucht, gleichzeitig, in verschiedenen Staaten und Regionen. Es handelt sich um eine Reaktion auf eine Welt, die sich stark verändert, es ist eine Flucht nicht nur vor den Herausforderungen und Zumutungen, sondern auch vor den Chancen der Moderne und der damit verbundenen Freiheit. »Das Projekt der Moderne versprach, das Individuum von seiner ererbten Identität zu befreien«, schrieb der weitsichtige Soziologe Zygmunt Bauman bereits vor zwanzig Jahren. Das Projekt stelle »sich keineswegs gegen Identität schlechthin, dagegen, dass man eine Identität – auch eine stabile, unverwüstliche, unveränderliche Identität – hatte. Es wandelte Identität lediglich um: von etwas Zugeschriebenem zu einer Leistung – und erklärte sie so zur individuellen Aufgabe in der Verantwortung jedes einzelnen.«[2] Diese Verantwortung überfordert viele Menschen. Und so ziehen sie sich beispielsweise auf ihre nationale Identität zurück – und definieren diese über Abgrenzung.

Die populistische Komplexitätsreduktion und -verweigerung wirkt in der Theorie verlockend, in der Praxis aber funktioniert sie nicht, wie etwa das Brexit-Chaos beweist: In der Kampagne für einen Abschied aus der EU hatten die Befürworter den Menschen in Großbritannien das Blaue vom Himmel versprochen: 350 Millionen Pfund würden in das Gesundheitssystem statt nach Brüssel fließen – pro Woche. Die britische Wirtschaft werde brummen, da sie nicht mehr von der EU gebremst werde. All diese Luftschlösser liegen längst in Trümmern, das Vereinigte Königreich verschwendet seine Zeit damit, Probleme zu lösen, die es ohne solche leeren Versprechen wohl nie gegeben hätte. Und schuld ist, glaubt man zumindest den Brexit-Hardlinern, selbstverständlich wiederum die EU, weil sie Großbritannien durch ein Vertragswerk knebele. Eine moderne Dolchstoßlegende.

Wir erleben eine Ära, in der sich Ordnung teilweise auflöst, wie skeptische Stimmen meinen, oder zumindest neu strukturiert: Nach dem Zweiten Weltkrieg waren die demokratischen Werte, die universellen Menschenrechte und die Idee des Multilateralismus in der westlichen Welt quasi unumstritten und wirkten für viele Staaten vorbildlich. Diese Werte werden mittlerweile hart und grundlegend attackiert – und zwar häufig mit einer geradezu perfiden Strategie, indem die Freiheiten von offenen Gesellschaften ausgenutzt und deren Stärken in Schwächen umgewandelt werden. Meinungsfreiheit und Kunstformen wie Satire werden benutzt, um Hass und Hetze zu legitimieren. Die wissenschaftliche Tugend der Skepsis wird instrumentalisiert, um unbelegte Zweifel zu säen. Kampf gegen Diskriminierung wird missbraucht, um zu diskriminieren – beispielsweise durch einen rassistisch aufgeladenen Feminismus.

Die Welt befindet sich mitten in einem tief greifenden Transformationsprozess. Die Globalisierung von Politik, Medien, Wirtschaft und Kultur lässt bisherige Strukturen zerfallen. Während viele Menschen solche Veränderungen als Chance begreifen und Neues ausprobieren, fürchten sich andere vor dem Wandel und klammern sich an eine idealisierte Vergangenheit, die es so nie gegeben hat. Das Auftreten von Fake News ist ein Symptom für diese tiefe Verunsicherung – die schließlich auch noch durch die Logik der sozialen Netzwerke, die schnelle Interaktionen und Emotionalität belohnen, gefördert wird. Riesige Konzerne wie Facebook unterlaufen nationale Gesetzgebungen, das Konzept des Nationalstaats scheint in einer globalisierten Welt an seine eigenen Grenzen zu stoßen: zu klein, um internationale Probleme zu lösen, zu groß, um lokal wirklich als Akteur greifbar zu sein. Daher versucht die EU, Maßnahmen gegen Desinformation durchzusetzen. Insbesondere die Internetgiganten Facebook und Google stehen im Fokus, sie sollen stärker gegen gezielte Falschmeldungen und Hass-Inhalte vorgehen. Im Oktober 2018 unterzeichneten EU-Kommission sowie Konzerne wie Google, Facebook, Twitter und Mozilla einen Verhaltenskodex, der auf freiwilliger Basis eine Selbstregulierung vorsieht. Ob damit allerdings tatsächlich mehr Transparenz insbesondere in den sozialen Netzwerken erreicht wird, darf bezweifelt werden. Facebook veröffentlicht zwar regelmäßig Informationen, wonach es diverse Fake-Profile gesperrt habe, auf Nachfrage erhalten Journalisten aber kaum konkrete Details, die helfen könnten, die Hintergründe zu verstehen.[3] So präsentiert sich Facebook gern als vermeintlicher Partner beim Kampf gegen Fake News, tatsächlich aber agiert das Unternehmen weitestgehend intransparent. Auch Software und künstliche Intelligenz werden die Herausforderungen nicht meistern können, sie erkennen zwar bestimmte Muster, Begriffe und die rasante Verbreitung von Inhalten, verstehen jedoch nicht das größere Narrativ, den politischen Kontext, Bedeutung und den Sinn.

Die gewachsene Bedeutung der Fake News ist sozusagen die dunkle Seite des Informationszeitalters, den Umgang mit ihnen müssen wir erst lernen. Gezielte Falschmeldungen lassen sich nicht einfach verbieten oder abschalten, auch journalistische Faktenchecker sind nicht in der Lage, Fake News einfach unschädlich zu machen, aber sie können ihre Wirkung abschwächen und auf bestimmte Milieus begrenzen. Sie können Falschmeldungen widerlegen und anhand von Beispielen die Mechanismen und Motive erklären, um Menschen, die mit Desinformation konfrontiert sind – sei es im Freundeskreis oder bei der Arbeit, sei es im Netz oder dem »realen« Leben –, argumentativ zu helfen.

Diese Aufgabe gibt dem Journalismus eine neue Bedeutung. Die oft unsachliche und vollkommen überzogene Kritik, die

Medienschaffenden in den vergangenen Jahren entgegengeschlagen ist, hat deshalb auch ein Gutes: Sie hat viele Journalistinnen und Journalisten gezwungen, sich stärker der eigenen Rolle bewusst zu werden. In einer Welt, in der Fake News zum politischen Alltag gehören, ist Journalismus als »vierte Gewalt« wichtiger denn je. Berufsintern wird oft über die eigene Perspektive diskutiert, über journalistische Neutralität. Doch gegenüber gezielten Falschmeldungen kann man nicht »neutral« sein. Zudem richten sich Fake News fast immer gegen Menschen, die diskreditiert, über die Lügen verbreitet, die öffentlich lächerlich gemacht werden. Dazu kann man sich nicht neutral verhalten.

Fake News bedrohen die demokratische Öffentlichkeit, da sie den Diskurs vergiften, Debatten manipulieren – und die Wahrnehmung verzerren. Dabei ist eine einzelne Falschmeldung quasi bedeutungslos – erst ihr massenhaftes Auftreten beeinflusst nach und nach das politische Klima. Der Begriff Klimawandel beschreibt die anthropogen, also die »von Menschen verursachte« Veränderung von Zuständen in der Atmosphäre. Dieser Wandel vollzieht sich nicht kontinuierlich oder gleichförmig, vielmehr drohen abrupte Veränderungen. Wissenschaftler sprechen von Kipppunkten, welche die Situation nachhaltig und mit weitreichenden Konsequenzen beeinflussen. Ähnlich ist es mit gesellschaftlichen Debatten: Ein »Shitstorm« macht noch keinen politischen Klimawandel, aber Häufigkeit und Intensität nehmen zu. Das politische Klima hat sich bereits gewandelt, es ist ungemütlicher geworden, aggressiver. Gezielte Falschmeldungen wirken dabei als fatale Klimakiller, die irreversibel sind. Sie erscheinen, isoliert betrachtet, wenig bedrohlich, erst in einem größeren Kontext wird ihre toxische und zerstörerische Wirkung deutlich – und wenn die erwähnten Kipppunkte erreicht werden, könnte es zu spät sein.

Kommunikation ist die Basis für jeden Diskurs, für Politik, Medien, Kultur und für demokratische Aushandlungsprozesse – für das, was wir Öffentlichkeit nennen, für die Res Publica. Wenn Kommunikation sich radikal verändert, so wie es in den vergangenen Jahren geschehen ist, wenn die offene Debatte attackiert und manipuliert wird, hat dies unabsehbare Konsequenzen. In vielen Gesprächen und Diskussionen ist die Meinung zu hören, Fake News seien doch eigentlich irrelevant. Oder sie zu widerlegen sei sinnlos, weil man damit nicht alle Menschen erreichen würde – übrigens eine sehr hohe Messlatte, denn welches Medium erreicht schon alle Menschen? Wenn Desinformation und gezielte Falschmeldungen das Fundament von vernunftorientierten Diskursen und so den Kern demokratischer Prozesse angreifen, darf Ignorieren aber keine Option sein.

Das gesellschaftliche Klima kann effektiv geschützt werden gegen die zerstörerische Wirkung von Fake News. Etwa durch eine eindeutige Ächtung derjenigen, die sie in die Welt setzen – denn gezielt irreführende Berichte zu verbreiten ist kein Kavaliersdelikt. Entscheidend sind zudem Bürgerinnen und Bürger mit medialer Kompetenz, die sich in der digitalen Welt nicht von ihren Emotionen dazu verleiten lassen, falsche Inhalte zu verbreiten, sowie ein verantwortungsvoller Journalismus, der nicht primär von Geschwindigkeit und Sensationsgier getrieben sein darf, sondern dessen wichtigste Währung Genauigkeit ist.

Aufklärung, Bildung und Verantwortung, nicht schärfere Gesetze und Beschränkungen der Meinungsfreiheit, sind die Mittel, den Kampf um die Demokratie zu gewinnen.

Anmerkungen

Eine Falschmeldung geht auf Reisen

1 https://www.wochenblick.at/merkel-hofft-auf-12-millionen-einwanderer

2 https://www.express.co.uk/news/world/765919/Angela-Merkel-Germany-European-Migrant-Crisis-12-million

3 Siehe https://www.destatis.de/DE/Presse/Pressemitteilungen/2016/07/PD16_246_12421.html

4 Siehe https://www.bundesregierung.de/breg-de/aktuelles/demografischen-wandel-gestalten-355784, sowie http://www.demografie-portal.de/SharedDocs/Downloads/DE/Berichte Konzepte/Bund/Demografiepolitische-Bilanz.pdf

5 Volker Weiß, *Deutschlands Neue Rechte. Angriff der Eliten – Von Spengler bis Sarrazin*, Paderborn 2011, S. 11

Der Kampf um Bayern

1 https://blog.halle-leaks.de/2018/10/vorprogrammierter-wahlbetrug-in-bayern-fehlende-briefwahlstimmen-werden-mit-gruen-aufgefuellt

2 Siehe https://www.focus.de/politik/deutschland/landtagswahl-bayern/vor-der-landtagswahl-am-14-oktober-falsche-postleitzahl-gefaehrdet-zustellung-von-ueber-tausend-wahlbriefen-in-bayern_id_9689194.html

3 Siehe dazu https://www.br.de/nachrichten/bayern/was-ist-dran-an-geruechten-zu-angeblichem-wahlbetrug,R6pR9h3; sowie https://correctiv.org/faktencheck/hintergrund/2018/10/18/auch-bei-der-bayernwahl-kursieren-wieder-behauptungen-ueber-wahlbetrug

4 Siehe https://www.osce.org/de/odihr/elections/germany/363781?download=true

5 Siehe etwa https://www.youtube.com/watch?v=M712fgVubHY

6 Siehe etwa https://www.tagesschau.de/faktenfinder/wahlbetrug-geruechte-101.html

7 https://www.br.de/nachrichten/bayern/faktenfuchs-nein-in-welden-gab-es-keinen-wahlbetrug,RrakcQC

Ausschwärmen, um zu zerstören

1 Siehe https://www.isdglobal.org/isd-publications/battle-for-bavaria

2 https://www.youtube.com/watch?v=XunXdej8s7k

3 https://kurier.at/politik/inland/identitaeren-chef-sellner-lud-christchurch-attentaeter-zum-bier-ein/400494463

4 Siehe https://twitter.com/altright_leaks?lang=en

5 https://www.compact-online.de/was-nun-alice-in-bayern-haben-ausser-den-gruenen-alle-verloren-auch-die-afd

Die totale Revolution

1 Auf der Webseite der Bundeszentrale für politische Bildung heißt es dazu: »Die politische PR war direkt an das Machtzentrum angebunden. Selbst Details wurden von den Agitationssekretären

der SED und dem Generalsekretär persönlich entschieden. Erich Honecker bestimmte nicht nur, wie die ersten Seiten des Neuen Deutschland und die Aktuelle Kamera auszusehen hatten, sondern mischte sich auch in Kleinigkeiten ein.« (http://www.bpb.de/izpb/7560/blick-ueber-die-mauer-medien-in-der-ddr)

2 Friedrich Krotz, *Mediatisierung. Fallstudien zum Wandel von Kommunikation*, Wiesbaden 2007, S. 113

3 Das Institut wurde 2018 aufgelöst, alle Studien sind aber weiterhin zugänglich (https://www.divsi.de/).

4 https://www.divsi.de/wp-content/uploads/2018/11/DIVSI-U25-Studie-euphorie.pdf

5 Siehe http://www.ard-zdf-onlinestudie.de/onlinenutzung/internetnutzer/in-prozent

6 Siehe dazu https://meedia.de/2018/02/15/facebook-wird-zum-seniorentreff-neue-studie-sieht-zuwaechse-bei-den-alten-aber-die-jugend-nimmt-reissaus; sowie https://www.faktenkontor.de/corporate-social-media-blog-faktzweinull/soziale-medien-fuer-gross-und-klein

7 Siehe etwa https://twitter.com/MatthiasHauer/status/1130619508509556736

8 Siehe etwa https://scilogs.spektrum.de/klimalounge/das-rezo-video-im-faktencheck

9 https://www.buzzfeednews.com/article/craigsilverman/old-and-online-fake-news-aging-population

10 Siehe https://www.pewresearch.org/fact-tank/2018/10/23/younger-americans-are-better-than-older-americans-at-telling-factual-news-statements-from-opinions

11 Siehe https://twitter.com/dragz/status/1083670175885549568

12 Siehe http://advances.sciencemag.org/content/advances/5/1/eaau4586.full.pdf

13 Siehe https://www.stiftung-nv.de/de/publikation/fakten-statt-fakes-verursacher-verbreitungswege-und-wirkungen-von-fake-news-im

Wie der Staat Tausende Verbrecher ignorierte

1 https://www.bild.de/politik/inland/politik-inland/justiz-ignorierte-hinweise-kriegsverbrecher-unter-fluechtlingen-60523960.bild.html; ursprüngliche Version: http://web.archive.org/web/20190307032518/https://www.bild.de/politik/inland/politik-inland/justiz-ignorierte-hinweise-kriegsverbrecher-unter-fluechtlingen-60523960.bild.html

2 http://www.haz.de/Nachrichten/Politik/Deutschland-Welt/Wie-Bild-die-Fakten-ueber-Kriegsverbrecher-unter-Fluechtlingen-verdreht

3 https://www.bpb.de/nachschlagen/lexika/lexikon-der-wirtschaft/20706/staatsversagen

4 Zit. nach https://www.tagesschau.de/inland/kriegsverbrechen-103.html

Von Köln nach Schorndorf bis Chemnitz

1 Siehe https://www.landtag.nrw.de/portal/WWW/dokumentenarchiv/Dokument/MMD16-14450.pdf

2 https://www.globalecho.org/59552/der-sundenfall-im-fluchtlingsmarchen-lugenpresse-

lasst-kolns-nordafrikanischen-sex-mob-links-liegen

3 https://jungefreiheit.de/politik/deutschland/2016/das-haessliche-gesicht-der-landnahme

4 https://www.presseportal.de/blaulicht/pm/12415/3214905

5 Siehe https://www.presserat.de/fileadmin/user_upload/Downloads_Dateien/Pressekodex2017light_web.pdf

6 Siehe https://www.bundesverfassungsgericht.de/SharedDocs/Entscheidungen/DE/2000/02/rk20000223_1bvr045695.html

7 Siehe https://www.rundschau-online.de/region/koeln/unruhige-silvesternacht-in-koeln-frauen-am-hauptbahnhof-belaestigt---beinahe-massenpanik-am-dom-23450094

8 Zitiert nach https://www.tagesspiegel.de/gesellschaft/medien/kritik-an-den-medien-wegen-koeln-berichterstattung-schweigekartell-und-nachrichtensperren/12797422.html

9 https://uebermedien.de/10506/warum-die-luegenpresse-vorwuerfe-gegen-die-tagesschau-falsch-sind

10 Siehe https://weitblicker.org/content/textmitbild/Freiburg/Stellungnahme; sowie https://www.badische-zeitung.de/freiburg/friederike-und-clemens-ladenburger-sie-lebt-weiter-mit-uns

11 https://www.badische-zeitung.de/freiburg/friederike-und-clemens-ladenburger-sie-lebt-weiter-mit-uns

12 Siehe https://www.nordkurier.de/mecklenburg-vorpommern/afd-fraktionsvize-beschimpft-vater-von-getoeteter-studentin-0626407312.html

13 Siehe http://maria-ladenburger-stiftung.de

14 https://www.presseportal.de/blaulicht/pm/110969/3685948

15 Ebd.

16 Zit. nach https://www.zeit.de/gesellschaft/zeitgeschehen/2017-07/schorndorf-volksfest-matthias-klopfer-oberbuergermeister-uebergriffe

17 https://www.vice.com/de/article/3kn4z5/die-wahrheit-uber-den-einwanderermob-von-schorndorf

18 https://www.facebook.com/aliceweidel/posts/-pressemitteilung-alice-weidel-grapsch-migranten-ausweisen-auf-einem-stadtfest-i/1620710674606828

19 http://www.pi-news.net/2017/07/tahar-rush-mob-und-krawalle-in-schorndorf

20 Siehe https://www.truth24.net/arabermob-wuetet-auf-volksfest-und-attackiert-frauen-sexuell-1000-armutsfluechtlinge-beteiligt

21 https://www.dailymail.co.uk/news/article-4703386/Riots-German-festival-Iraqi-sexually-harassing-women.html

22 Siehe https://www.infowars.com/migrants-turn-german-festival-into-rape-fest

23 https://www.xn--rdiger-klos-thb.de/presse/2016-2017/text-21-07-17

24 Zit. nach https://faktenfinder.tagesschau.de/inland/erfundene-vergewaltigungen-101.html

25 Siehe https://www.mimikama.at/allgemein/shawna

26 Siehe https://faktenfinder.tagesschau.de/inland/chemnitz-falsche-zahlen-vergewaltigungen-101.html

27 https://www.deutschland-kurier.org/jetzt-sind-wir-alle-chemnitzer

28 Siehe https://twitter.com/PolizeiSachsen/status/1037286688790392832

29 Siehe https://www.hessenschau.de/politik/afd-hochtaunus-nach-entgleisung-auf-facebook-offline,afd-hochtaunuskreis-djv-100.html

30 Siehe https://faktenfinder.tagesschau.de/inland/chemnitz-geruechte-gewalt-101.html

31 Siehe https://www.flurfunk-dresden.de/2018/08/28/fakenews-auslandspresse-warnt-vor-deutschen-medien

32 https://www.bundespolizei.de/Web/DE/03Unsere-Aufgaben/09Polizeiliche-Unterstuetzung-der-Bundeslaender-und-behoerden/Polizeiliche-Unterstuetzung-der-Bundeslaender-und-behoerden_node.html;jsessionid=39727D82D12D86331BF55C047B6EFAD5.2_cid324

33 Siehe https://twitter.com/PolizeiSachsen/status/1081643275914801152

34 https://www.polizei.sachsen.de/de/MI_2019_61594.htm

35 https://blog.halle-leaks.de/2019/01/frauenalltag-seit-invasion-gefickt-geschlachtet-entsorgt

36 Siehe https://faktenfinder.tagesschau.de/inland/fake-news-toetungsdelikt-101.html

Social Bots als Gefahr für die Demokratie

1 Zit. nach https://rp-online.de/panorama/ausland/die-meinungsroboter-social-bots-twitterten-gegen-un-migrationspakt_aid-35029869

2 https://www.cducsu.de/presse/pressestatement/plattformbetreiber-muessen-social-bot-aufkommen-transparent-darstellen

3 Siehe https://twitter.com/proudwhite?lang=en

4 Siehe https://foller.me/proudwhite

5 Siehe https://botometer.iuni.iu.edu/#!

6 Siehe https://twitter.com/luca/status/1072069101663727617

7 Siehe https://hoaxy.iuni.iu.edu

8 Siehe https://twitter.com/luca/status/1072200136158261248

9 Siehe https://botswatch.de/produkte

10 Siehe https://www.bundestag.de/dokumente/textarchiv/2017/kw04-pa-bildung-forschung-social-bots-488818

11 Siehe beispielsweise https://github.com/viltgroup/minium-social-bot

12 Siehe https://twitter.com/mehrkill; sowie https://foller.me/mehrkill

13 Siehe https://twitter.com/BAngelamerkel

14 https://twitter.com/KarinaZurich

15 Siehe https://twitter.com/emrich_5933?lang=en; sowie https://foller.me/emrich_5933

16 Siehe https://www.zeit.de/politik/deutschland/2018-05/jan-boehmermann-reconquista-internet-5vor8; sowie https://yandex.com/images/search?img_url=https%3A%2F%2Fi.pinimg.com%2F236x%2F0e%2F09%2Ff1%2F0e09f16e4a9373fc73afffb256fd1de9.jpg%3Fb%3Dt&cbir_id=1525996%2Fb4erS-v6XEVd5RNU-K5vbA&rpt=imagelike&source=collections&pos=4

17 Siehe https://twitter.com/Walnusskipferl/status/1107781771016445953

Diesel-Lüge und Weinanbau auf Grönland

1 Siehe https://bildblog.de/107135/lungenarzt-verrechnet-sich-bild-juckt-es-nicht

2 Siehe https://www.taz.de/Falsche-Angaben-zu-Stickoxid/!5572843

3 Siehe https://www.tagesschau.de/inland/scheuer-feinstaub-grenzwerte-101.html

4 Zit. nach https://www1.wdr.de/mediathek/audio/wdr5/wdr5-toene-texte-bilder-interviews/audio-stickoxide-vernebelte-medien-100.html

5 https://dzl.de/index.php/de/presse-und-events/news/480-dzl-zu-luftschadstoffen-8-fakten

6 https://www.dfg.de/download/pdf/dfg_magazin/wissenschaft_oeffentlichkeit/forschung_magazin/2017/forschung_2017_03_beilage_dokumentation.pdf

7 Siehe https://www.lungenaerzte-im-netz.de/fileadmin/pdf/Stellungnahme__NOx_und__Feinstaub.pdf

8 Zit. nach https://www.sueddeutsche.de/gesundheit/stickoxide-feinstaub-lungenarzt-koehler-1.4330327

9 Siehe https://www.facebook.com/Prof.Dr.Joerg.Meuthen/photo/a.554885501326826/871654302983276

10 https://www.focus.de/finanzen/karriere/berufsleben/dieselpanik-wegen-grenzwertluege-politik-ignoriert-zweifel-am-grenzwert-40-mikrogramm_id_7378545.html

11 Siehe auch https://faktenfinder.tagesschau.de/stickstoffdioxid-grenzwerte-arbeitsplatz-101.html

12 Zit. nach https://rp-online.de/politik/deutschland/bundestagswahl/fdp-chef-christian-lindner-stellt-grenzwerte-fuer-luftqualitaet-infrage_aid-17881177

13 Siehe https://www.bundestag.de/blob/531762/6a7d2a26e62fab08cef1ebe7c79961be/wd-8-035-17-pdf-data.pdf

14 https://www.welt.de/politik/deutschland/plus168239859/In-Schengen-steckt-die-Idee-von-der-Festung-Europa.html

15 http://berliner-express.com/2018/11/gruene-diesel-verbot-bis-2020-benziner-ab-2025

16 https://www.welt.de/wirtschaft/article188135799/Praesident-der-Lungenaerzte-Populismus-statt-Wissenschaft-bestimmt-die-Abgas-Debatte.html

17 https://www.zdf.de/nachrichten/heute/alexander-gauland-im-zdf-sommerinterview-100.html

18 https://www.cbsnews.com/news/donald-trump-full-interview-60-minutes-transcript-lesley-stahl-2018-10-14

19 Siehe https://twitter.com/realDonaldTrump/status/408977616926830592

20 https://www.facebook.com/HCStrache/posts/10155006438568591

21 http://oe1.orf.at/player/20170603/475589/121214 (Sendung nicht mehr verfügbar)

22 Siehe http://www.centralcoastclimatescience.org/uploads/5/3/8/1/53812733/misperception-06.pdf

23 Zit. nach http://faktenfinder.tagesschau.de/ausland/strache-weingroenland-101.html

24 Zit. nach https://faktenfinder.tagesschau.de/trump-wissenschaftler-101.html

25 Naomi Oreskes und Erik M. Conway, *Die Machiavellis der Wissenschaft. Das Netzwerk des Leugnens*, Weinheim 2014

26 Siehe https://www.sueddeutsche.de/wissen/strategien-der-klimaskeptiker-wissenschaft-wurde-als-nebelwand-missbraucht-1.2200576

27 https://www.compact-shop.de/shop/compact-magazin/compact-magazin-maerz-2019

28 Siehe https://faktenfinder.tagesschau.de/inland/gender-studies-ungarn-101.html; sowie https://www.nytimes.com/2018/12/03/world/europe/soros-hungary-central-european-university.html

29 Siehe https://www.uni-muenchen.de/aktuelles/medien/mum/artikel_mum/essay_wiestler.html

30 https://www.ft.com/content/3be49734-29cb-11e6-83e4-abc22d5d108c

31 Zit. nach https://nzzas.nzz.ch/hintergrund/die-wissenschaft-hat-die-rolle-der-kritik-den-populisten-ueberlassen-ld.1428067?reduced=true

32 Siehe dazu Patrick Gensing und Andrej Reisin, *Der Präventivstaat. Warum Gesundheits-, Kontroll- und Verbotswahn Freiheit und Demokratie gefährden*, Köln 2013

33 Zitiert nach https://www.nordkurier.de/politik-und-wirtschaft/fake-news-um-hambacher-forst-1733178509.html

34 Siehe https://www.bundeswaldinventur.de

35 https://www.facebook.com/sahra.wagenknecht/photos/a.220243721326366/2341730385844345

36 Siehe https://twitter.com/katjakipping/status/1037596284910284800

Anschläge und Katastrophen

1 http://www.pi-news.net/2019/04/notre-dame-brennt

2 https://twitter.com/DrDavidBerger/status/1117851759387369472

3 https://www.facebook.com/1013920832015063/posts/2670078106399319/; sowie https://www.facebook.com/permalink.php?story_fbid=2670078106399319&id=1013920832015063

4 Siehe dazu: https://www.dpa.com/de/produkte-services/newsrooms-redaktionen/#newsrooms-amp-redaktionen

5 https://twitter.com/beatrix_vstorch/status/982629037024702465?lang=en

6 Siehe https://twitter.com/PoggenburgAndre/status/983066904381284352

7 https://www.oe24.at/oesterreich/chronik/Das-ist-NICHT-der-Taeter-von-Muenster/329333210

8 Siehe etwa https://nypost.com/2018/04/07/driver-in-deadly-german-van-crash-had-history-of-mental-illness

9 Siehe https://twitter.com/polizei_nrw_ms/status/983268810823290880?lang=en

10 Siehe https://twitter.com/haraldlaatsch/status/1106500773574307840

11 Siehe https://www.fr.de/meinung/afd-politiker-gibt-klimaaktivisten-greta-thunberg-eine-mitschuld-anschlag-christchurch-11859706.html

12 Siehe https://archive.is/2016.09.27-143207/https://linksunten.indymedia.org/de/node/191673

13 Siehe https://www.tagesschau.de/inland/dresden-moschee-anschlag-101.html

14 Zit. nach https://www.sueddeutsche.de/news/sport/fussball-ermittler-pruefen-zweites-bekennerschreiben---aus-antifaschisten-szene-dpa.urn-newsml-dpa-com-20090101-170412-99-43744

15 Siehe https://www.snopes.com/fact-check/did-melbourne-antifa-claim-responsibility-for-the-vegas-massacre/; sowie https://www.factcheck.org/2017/10/no-evidence-linking-vegas-shooter-antifa

16 Siehe https://web.archive.org/web/20171002220102/https://www.bloomberg.com/news/articles/2017-10-02/fake-news-fills-in-formation-vacuum-in-wake-of-las-vegas-shooting

17 https://faktenfinder.tagesschau.de/hintergrund/interview-falschmeldungen-101.html

18 Siehe https://papers.ssrn.com/sol3/papers.cfm?abstract_id=3023545

Was schlecht ist, ist schlecht – auch wenn es nicht gesagt wurde

1 https://blog.halle-leaks.de/2018/02/laut-merkel-ist-fluechtlingen-bei-den-tafeln-unbedingter-vorrang-zu-geben-wir-luden-sie-ein

2 Siehe https://www.zeit.de/politik/deutschland/2018-02/tafel-essen-angela-merkel-aufnahmestopp-auslaender

3 Siehe https://www.10000flies.de/?date=2018-02-27

4 Siehe https://www.10000flies.de/?timefilter=1_year (Stand April 2019)

5 https://twitter.com/steinbacherika/status/966978336126918656?lang=en

6 Siehe https://www.facebook.com/renate.kuenast/posts/10152842816954051

7 Siehe https://faktenfinder.tagesschau.de/inland/falsche-zitate-social-media-101.html

8 Zit. nach https://www.tagesschau.de/faktenfinder/inland/falsche-zitate-social-media-101.html

9 https://www.mimikama.at/allgemein/schau-genau-teil2-eine-meldung-von-claudia-roth-bndnis90grne-sorgt-abermals-fr-aufsehen

10 https://www.facebook.com/erika.steinbach/posts/1301465936639347

11 Siehe https://correctiv.org/faktencheck/2018/10/22/wieder-kursiert-ein-falsches-zitat-von-claudia-roth-auf-facebook

12 Siehe https://www.mimikama.at/allgemein/fake-der-tweet-von-claudia-roth

13 Zit. nach https://www.focus.de/politik/videos/ich-schreibe-hier-keine-doktorarbeit-cdu-frau-steinbach-verbreitet-falsches-zitat-und-hat-eine-dreiste-ausrede_id_4994530.html

14 Siehe https://www.mimikama.at/allgemein/falsche-zitate-auf-einem-afd-plakat

15 Zit. nach https://correctiv.org/faktencheck/2017/09/03/was-erzaehlen-strunz

16 Siehe https://www.zdf.de/nachrichten/heute/die-geschichte-einer-fake- news-um-claudia-roth-100.html

17 Siehe https://www.journalistenwatch.com/2018/06/30/millionen-menschen-deutschland

18 Siehe https://twitter.com/drumheadberlin/status/1012674003 323015168?lang=en

19 https://www.spiegel.de/politik/deutschland/claudia-roth-gegen-alexander-dobrindt-eine-richtige-sauerei-a-1220503.html

20 Zit. nach http://zitate-der-gruenen.de/tag/gruene-nein-danke

21 Siehe https://correctiv.org/faktencheck/politik/2019/01/25/angebliche-gruenen-politikerin-petra-klamm-rothberger-ist-ein-fake

22 Zit. nach https://www.nzz.ch/international/jens-spahn-frontex-braucht-100-000-mann-und-soll-wirklich-die-grenze-schuetzen-ld.1371586

23 Siehe https://www.t-online.de/nachrichten/deutschland/innenpolitik/id_83974238/neue-seite-berliner-express-verbreitet-laufend-gefaelschte-politiker-zitate.html

24 Siehe https://www.watson.de/deutschland/fake%20news/669932900-die-internetseite-berliner-express-verbreitet-falsche-politiker-zitate

25 Siehe https://derstandard.at/2000100883613/Blutiger-Nadelstichwahlkampf-in-der-Ukraine

26 Siehe https://www.oe24.at/oesterreich/politik/Krebs-Geruechte-um-Van-der-Bellen-Spur-zu-FPOe-Funktionaer/242138963

27 Siehe hierzu https://derstandard.at/2000043614964/Van-der-Bellen-veroeffentlicht-Befunde-Kein-Krebs

28 Siehe https://www.factcheck.org/2016/08/fake-clinton-medical-records

29 Siehe https://thefrisky.com/a-brief-history-of-hillary-clinton-lesbian-rumors/; sowie https://www.snopes.com/fact-check/pizzagate-conspiracy

30 Siehe https://www.martinrasper.de/buecher/das-buch-der-falschen-zitate

Darf alles Satire sein?

1 Zit. nach https://www.youtube.com/watch?v=MHUPoceVGz0

2 Siehe https://www.faz.net/aktuell/politik/inland/poggenburg-verteidigt-aeusserungen-ueber-in-deutschland-lebenden-tuerken-15451263.html

3 Zit. nach https://de.reuters.com/article/deutschland-afd-bundesprsident1-idDEKCN1FZ1YD

4 Siehe https://www.soas.ac.uk/camelconference2011/file75386.pdf

5 Zit. nach https://faktenfinder.tagesschau.de/ausland/fpoe-orf-strache-101.html

6 Siehe https://www.arminwolf.at/2018/02/14/es-war-also-nicht-so-gemeint; sowie https://www.arminwolf.at/2018/03/13/herr-strache-entschuldigt-sich

7 Siehe https://www.tagesschau.de/ausland/faq-oesterreich-regierungkrise-101.html

8 Siehe https://justiz.hamburg.de/pressemitteilungen/11684464/pressemitteilung-2018-09-28-olg-01

9 Siehe https://faktenfinder.tagesschau.de/hintergrund/satire-103.html

10 Anna Wagner und Christian Schwarzenegger, *Wenn Lachen kein Spaß ist. Eine Analyse rechtspopulistischer Satireseiten und -gruppen auf Facebook*, Vortrag auf der 63. Jahrestagung der Deutschen Gesellschaft für Publizistik und Kommunikationswissenschaft (DGPuK), Mannheim, 09.–11. Mai, Mannheim 2018

11 https://www.ndr.de/fernsehen/sendungen/extra_3/wir_ueber_uns/was-darfsatire100.html

12 Siehe etwa https://faktenfinder.tagesschau.de/inland/medien-satire-101.html

George Soros – der Antichrist

1 Siehe http://dip21.bundestag.de/dip21/btp/19/19065.pdf

2 Siehe https://www.afdbundestag.de/ministerin-barley-trifft-zwielichtigen-george-soros-stephan-brandner-afd-fraktion-im-bundestag

3 https://www.facebook.com/katarina.barley/photos/a.1522204964743895/1980174308946956

4 Siehe https://www.nytimes.com/2008/04/11/business/11soros.html

5 Eingesehen im Februar 2019, nicht mehr online verfügbar

6 Siehe https://www.ft.com/content/6e2dfb82-c018-11de-aed2-00144feab49a

7 Siehe https://netzpolitik.org/2018/wir-veroeffentlichen-wie-sich-die-afd-ihre-eigene-verfassungsfeindlichkeit-bescheinigen-laesst/#2018-10-23_AfD-Gutachten-Beobachtung-Verfassungsschutz

8 Siehe Jürgen Osterhammel, *Die Verwandlung der Welt. Eine Geschichte des 19. Jahrhunderts*, München 2009, S. 531 f.

9 Siehe https://www.compact-online.de/george-soros-und-sein-7-punkte-plan-fuer-den-volksaustausch/; sowie https://netzpolitik.org/2018/wir-veroeffentlichen-wie-sich-die-afd-ihre-eigene-verfassungsfeindlichkeit-bescheinigen-laesst/#2018-10-23_AfD-Gutachten-Beobachtung-Verfassungsschutz

10 Siehe https://refugeesmigrants.un.org/migration-compact

11 Siehe https://news.un.org/en/story/2018/07/1014632

12 Siehe https://faktenfinder.tagesschau.de/ausland/un-migrationspakt-113.html; sowie https://faktenfinder.tagesschau.de/ausland/migrationspakt-101.html

13 Siehe https://www.snopes.com/fact-check/george-soros-destroy-united-states

14 Siehe https://www.politifact.com/facebook-fact-checks/statements/2019/feb/08/blog-posting/no-george-soros-has-not-been-arrested-switzerland-

15 Zit. nach https://www.hurriyet.de/news_erdogan-jude-soros-ist-hintermann-der-gezi-proteste-von-2013_14351653.html

16 https://afd-dd.de/hans-thomas-tillschneider-wollt-ihr-die-totale-migration

17 Zit. nach https://faktenfinder.tagesschau.de/hintergrund/antisemitismus-129.html

Teilen und herrschen

1 Siehe https://www.nytimes.com/2019/04/23/us/politics/jared-kushner-facebook-ads.html

2 Siehe https://www.nytimes.com/2017/10/30/technology/facebook-google-russia.html

3 Siehe https://edition.cnn.com/2018/07/13/politics/russia-investigation-indictments/index.html; sowie https://www.

washingtonpost.com/news/post-politics/wp/2016/07/22/on-eve-of-democratic-convention-wikileaks-releases-thousands-of-documents-about-clinton-the-campaign-and-internal-deliberations

4 Siehe https://www.justice.gov/storage/report.pdf

5 https://www.bundestag.de/resource/blob/564220/57e52e387c0c7b4e37864092ce1b7b95/wd-2-060-18-pdf-data.pdf

6 Siehe http://www.tagesschau.de/multimedia/video/video-435147.html; sowie http://time.com/5168202/russia-troll-internet-research-agency

7 Siehe https://mr-7.ru/articles/112478

8 https://www.justice.gov/storage/report.pdf

9 Siehe https://medium.com/dfrlab/troll-tracker-twitters-troll-farm-archives-8be6dd793eb2

10 Siehe https://intelligence.house.gov/hpsci-11-1/hpsci-minority-open-hearing-exhibits.htm

11 Siehe https://faktenfinder.tagesschau.de/ausland/anzeigen-uswahlkampf-101.html

12 Siehe https://money.cnn.com/2017/09/28/media/blacktivist-russia-facebook-twitter/index.html

13 Siehe https://www.washingtonpost.com/politics/trump-recorded-having-extremely-lewd-conversation-about-women-in-005/2016/10/07/3b9ce776-8cb4-11e6-bf8a-3d26847eeed4_story.html

14 Siehe https://www.nytimes.com/2019/01/25/us/politics/roger-stone-trump-mueller.html

15 Siehe https://www.spiegel.de/politik/ausland/markus-frohnmaier-russen-setzten-auf-afd-abgeordneten-a-1261422.html

16 Siehe https://github.com/fivethirtyeight/russian-troll-tweets

17 Siehe https://twitter.com/wahl_beobachter/status/851876403738017794

18 Siehe https://faktenfinder.tagesschau.de/inland/trolle-btw17-ira-twitter-101.html

19 Siehe https://www.sueddeutsche.de/digital/jenna-abrams-mit-dieser-frau-narrten-russische-trolle-menschen-auf-der-ganzen-welt-1.3734062

20 Siehe https://fearlessdemocracy.org/jenna-abrams

21 Siehe https://twitter.com/josh_emerson/status/927368145014263808

22 Siehe https://www.researchgate.net/publication/322787988_Disinformation_Warfare_Understanding_State-Sponsored_Trolls_on_Twitter_and_Their_Influence_on_the_Web

23 Siehe https://www.cybersecurityintelligence.com/digital-forensic-research-lab-dfrlab-4367.html

24 Siehe https://medium.com/dfrlab/electionwatch-scottish-vote-pro-kremlin-trolls-f3cca45045bb

25 Siehe https://www.bbc.com/news/uk-scotland-29294087

26 Siehe https://twitter.com/w_nicht

27 https://publications.parliament.uk/pa/cm201719/cmselect/cmcumeds/1791/179102.htm

28 Siehe https://publications.parliament.uk/pa/cm201719/cmselect/cmcumeds/1791/179109.htm#_idTextAnchor061

29 Siehe: https://faktenfinder.tagesschau.de/ausland/russlands-linke-offensive-101.html

30 https://shop.freiheit.org/download/P2@754/145670/A4_Russische Medien_D_Endfassung.pdf

31 Siehe https://faktenfinder.tagesschau.de/ausland/russian-rt-101.html

32 Zit. nach https://medium.com/dfrlab/question-that-rts-military-mission-4c4bd9f72c88

33 Siehe https://www.ohchr.org/SiteCollectionImages/Bodies/HRCouncil/IICISyria/COISyria_ChemicalWeapons.jpg

34 Siehe https://faktenfinder.tagesschau.de/ausland/fake-syrien-revolutionman-101.html

Selbstjustiz, ethnische Konflikte und Kriege

1 Siehe https://www.bbc.co.uk/news/resources/idt-sh/nigeria_fake_news

2 Siehe dazu auch https://faktenfinder.tagesschau.de/ausland/nigeria-465.html

3 Siehe https://www.youtube.com/watch?v=8JCfdwG5Tjc; https://www.youtube.com/watch?v=aRDybPlFeVQ; https://twitter.com/MBuhari/status/1069300887510806528; sowie https://qz.com/africa/1482148/nigeria-buhari-denies-hes-dead-or-jubril-sudan-clone

4 Siehe https://mg.co.za/article/2019-02-21-nigerian-political-parties-are-weaponising-fake-news

5 Siehe https://faktenfinder.tagesschau.de/ausland/indien-pakistan-fake-news-101.html

6 Siehe https://faktenfinder.tagesschau.de/ausland/whatsapp-149.html; sowie https://faktenfinder.tagesschau.de/ausland/whatsapp-indien-101.html

7 Siehe https://faktenfinder.tagesschau.de/ausland/lynchmorde-indien-101.html

8 Siehe https://www.ohchr.org/EN/NewsEvents/Pages/DisplayNews.aspx?NewsID=23575

9 Siehe https://www.ohchr.org/SP/NewsEvents/Pages/DisplayNews.aspx?NewsID=21287&LangID=E

10 Siehe https://www.ohchr.org/_layouts/15/WopiFrame.aspx?sourcedoc=/Documents/Issues/Expression/JointDeclaration3March2017.doc&action=default&DefaultItemOpen=1

11 Siehe https://eufactcheck.eu/about-us

12 Siehe https://ec.europa.eu/digital-single-market/en/news/final-report-high-level-expert-group-fake-news-and-online-disinformation

Desinformation und Fake News

1 Siehe https://www.cell.com/current-biology/fulltext/S0960-9822(18)31420-9

2 Zygmunt Bauman, *Unbehagen in der Postmoderne*, Hamburg 1999, S. 40

3 Anfrage des Autors an Facebook zuletzt im Mai 2019